인생길 길라잡이

인생길 길라잡이

발행일   2017년 9월 13일

지은이   양 필 선
펴낸이   손 형 국
펴낸곳   (주)북랩
편집인   선일영   편집   이종무, 권혁신, 송재병, 최예은
디자인   이현수, 이정아, 김민하, 한수희   제작   박기성, 황동현, 구성우
마케팅   김회란, 박진관, 김한결
출판등록   2004. 12. 1(제2012-000051호)
주소   서울시 금천구 가산디지털 1로 168, 우림라이온스밸리 B동 B113, 114호
홈페이지   www.book.co.kr
전화번호   (02)2026-5777   팩스   (02)2026-5747

ISBN   979-11-5987-763-6 03180(종이책)   979-11-5987-764-3 05180(전자책)

이 도서의 국립중앙도서관 출판예정도서목록(CIP)은 서지정보유통지원시스템 홈페이지(http://seoji.
nl.go.kr)와 국가자료공동목록시스템(http://www.nl.go.kr/kolisnet)에서 이용하실 수 있습니다.
(CIP제어번호 : CIP2017023077)

인생길 길라잡이

양필선 지음

북랩 book Lab

이 책을 쓰기 위해 많은 생각을 했다. 삶이란 과연 무엇인가? 운명이라고들 하는데 그런 것이 과연 있을까? 운명이란 것이 과연 맞는 말일까?

의구심이 드는 것은 누구나 같을 것이다. 그러나 나는 말할 수 있다. "운명, 정말 있어! 맞는 말이야!" 하고 자신 있게 말할 수 있다. 역리학을 연구하고 수십 년 동안 수많은 사람들의 '운명'을 나름 간파한 결과 확실하다고 말할 수 있는 자부심을 느낀다.

누구나 음력이든, 양력이든 정확한 출생한 연월일시만 안다면, 한 글자라도 틀리면 바로 오답이 나오지만 정확한 시간까지 안다면 두말할 필요가 없다.

이는 바로 역리학에서 사용하는 글자들, 갑(甲), 을(乙), 병(丙), 정(丁), 무(戊), 기(己), 경(庚), 신(辛), 임(壬), 계(癸)와 자(子), 축(丑), 인(寅), 묘(卯), 진(辰), 사(巳), 오(午), 미(未), 신(申), 유(酉), 술(戌), 해(亥)라는 십간(十干)과 십이지(十二支)를 말함인데 이 글자들이 가지고 있는 뜻은 무궁무진하다.

어떻게 살아야 잘 사는 것이며 삶의 질이란 무엇인가? 알고 싶다면 지금 당장 이것을 확인해보라고 말해주고 싶다.

그런다고 거저 되는 것은 아니다. 일단 이해하고 암기하고 풀어보아야 알 수 있기에 성격이 급하다거나 신경 쓰기 싫은 사람은 물론 안 되지만 조금만 신경 쓰고 노력한다면 천기(天氣)라고 말할 수 있는 자신에 앞날을 미리 알아볼 수도 있다는 것이다.

비록 내가 알아낸 것은 작은 것에 불과하지만 옛날부터 전해 내려오는 성현들의 지혜에서 나온 결과가 우리 인간의 삶에 이정표가 될 수 있는 것이기에 좀 더 간편하고 분명하고 알기 쉽게 풀어보고자 한다.

수억 만 년을 두고 억겁이 변하고 재생을 반복하여 세상은 발전하는데, 심지어 요즘은 100세 시대라고 하는데, 어떻게 살아야 그나마 잘 사는 것이고, 어떻게 하여야 쉽게 자신의 길을 선택할 수 있으며, 어떤 결과를 남기고 갈 것인가? 곰곰이 생각하다 이 글을 쓴다. ★성명학은 이 책의 끝부분에서 설명한다.

마지막으로 이 책이 나오기까지 많은 도움을 주신 이병일 님, 성공도 님께 감사의 말을 전한다.

2017년 9월

양필선

• 차 례 •

1.

운명(運命)
바로알기

운명이란 한 알의 씨앗이 땅에 떨어져 자라나듯 누구나 세상에 태어나는 순간 이미 시작되는 것이다.

　어떤 씨앗이 어떤 땅에서 어떻게 자라게 되는지와 같은 이치라고 생각하면 된다. 콩 심으면 콩 나고 팥 심으면 팥이 나는 것이 당연한 이치이다. 인간의 운명에는 또 다른 하나의 특권을 부여하였다고 할 수 있다.

　남자인가, 여자인가, 어떤 날, 어떤 시에 태어났느냐에 따라 물 주고 거름 주어 가꾸듯 교육받고 성장하는 과정에 진로가 결정되기도 하지만 때로는 자신의 진로도 정하지 못하고 끝내 방황만 거듭하는 경우가 많이 있다. 그래서 이 책을 통해 자신의 진로를 빨리 찾아서 방황하지 않고 살아갈 수 있기를 바란다.

2.

역리학(易理學)의
유래

역리학은 고대 중국에서 삼천 년 이상의 장시일에 걸쳐 수많은 제학사(帝學使)와 성현(聖賢)들의 계속된 구명(究明)에 의하여 얻어진 결과라고 할 수 있는 학문이다.

이를 하나의 체계를 새워 세상에 공표한 이는 중국(태화서 보당)에 거주하는 서공승이라는 통설(通說)이 있다. 서공승은 '사자평'이라는 이름으로 세상에 알려졌다.

서공승 이전의 연구가를 보면, 중국 전국 시대에는 낙녹자, 귀곡자 등이, 한나라 때는 근중서, 사마리, 동방삭, 엄군평 등이, 한말 삼국시대에는 진유곽, 박북제, 의위정 등이 있었고 그 뒤 당나라 때는 원천강, 일행선사, 이허중 등이 사학 연구를 하였는데 이 중 당나라의 이허중이 연간(年干)을 중심으로 오행의 생극설(生剋說)을 구명(究明)하는 법을 연구하였고 일간(一干) 생극(生剋)을 구명하는 것은 서공승에 의하여 처음으로 창시된 것이라고 한다.

수천 년에 걸쳐 연찬 전승(研鑽)되는 동안 방술(方術) 자체도 많은 변화를 거쳐 최초로 편술(編述)된 조서가 『연해자평』이다. 『연해자평』이 공표된 후 '산봉장 씨가 쓴 벽류', 즉 『명리정종』과 명나라의 만유오가 쓴 『삼명통화』 등이 세상에 나왔으나 별로 진전이 없다가 명나라 초기 유벽온이 쓴 『적천수』가 약 400~500년 동안 비전이 되어오다 청나라 때 세상에 알려져 사주 추명학의 일대 약진을 가져왔다.

내가 이 학문을 접한 것은 수십 년에 지나지 않았다. 당시에는 신기하고 의구심이 생겨 알아보고자 하였던 것인데 알면 알수록 재미있고 신기하며 더 깊이 알고 싶기도 했지만 우선은 현실이 그럴 겨를 없이 생활전선에서 재촉을 받는 입장이다 보니 이를 생활의 방편으로 삼고 살았다.

그러다 보니 나는 누구인가? 나는 왜 사는가? 왜 세상에 나왔을까? 사람은 누구나 목적이 있어 세상에 태어나는 것인데, 그렇다면 나는 어떤 일을 해야 하고 무엇 때문에 살고 있는 것인가? 이런저런 회의가 들 때가 많았다. 그러나 나는 이 학문에 빠져들면서 더는 아무 생각도 할 수 없을 정도로 확신을 가지게 되었다.

그러다가도 순간이 지나고 나면 역시 현실에 매달려 살아야 했고 깊이 있게 생각을 못하고 시간이 이렇게나 많이 간 줄은 몰랐는데 20여 년 전에 우연하게 읽은 제임스 레드필드의 『천상의 예언』이 생각났다. 당시에도 많은 생각을 했고 중요한 부분은 메모도 해놓았지만 잊고 살았는데 지금 와서 생각해보니 내가 해야 할 일을 그때 알 수도 있었는데, 하는 생각이 든다.

내가 왜 태어났는지, 무엇인가 해야 한다는 나도 모르는 사명감 같은 것이 늘 마음속에 있었던 것 같은데 그것을 깨닫는 데 그렇게 오래 걸린 것이다. 오랜 시간 동안 나를 시험대에 올려놓고 있었다는 생각이 들어 그동안 알아온 내가 가지고 있는 아는 것을 토대로 많은 사람들이 유용하게 사용할 수 있으면 하는 마음에 정리하고자 글을 쓴다.

3.

음(陰), 양(陽), 오행(五行)의 유래

태곳적 '태극'이라는 말은 우주 만물이 생성의 본채 근원이 되는 것을 말함이며 천지와 음양이 분화되기 이전 혼돈상태의 원기를 말함이다.

주역에는 태극이 있고 태극이 양의를 낳았으며 양의가 사상을 낳았고 사상은 팔괘를 낳았다고 한다. 그래서 태극은 주역의 구성에서 가장 중심이 되는 모체가 되는 것이다.

양의를 단적으로 말하면 음과 양을 상징하는 것이라 이름하고 이를 확대해서 말하면 무궁무진한 변화의 근원이며 인간 사회에 길흉(吉兇)의 산실이라고 할 수 있다.

음양(陰陽)의 구조가 천지를 상징하고 춘하추동(春夏秋冬), 사계절의 순리를 수반하고 밤과 낮의 교체, 태양과 달이 되고 생사와 남녀의 성별 및 강, 유, 의, 덕을 표시한다.

이렇듯 상반되는 두 종류의 음과 양은 보편적이고 공통적인 원리로 온갖 만물의 전체를 주도하는 속에서 작용하고 있다는 것이다.

오행(五行)은 목(木), 화(火), 토(土), 금(金), 수(水), 이 다섯 가지를 말하고 일, 월은 해와 달이며 달력에도 나와 있듯이(日, 月, 火, 水, 木, 金, 土) 뜻은 모든 만물이 여기 담겨 있다는 것으로 보면 된다.

우리나라에는 언제 건너왔는가는 확실치 않으나 송나라 때 문물교환이 이루어진 것을 보아 중국에 크게 뒤떨어진 것은 아니라고 추측된다.
따라서 우리나라에도 많은 연구가들에 의해 발전하였으리라는 것은 짐작할 수 있으며 있는 그대로 좀 더 세밀하게 분석한 결과 하늘의 뜻이 육십갑자(六十甲子) 글자 하나하나에 담겨 있는 것을 알게 되었다.

4.

운명은
천명(天命)이다

멀리 보지 않더라도 이미 나와 있는 글자 속에 숨은 뜻을 깊이 있게 파악한다면 역리학은 오늘날 우리의 고단한 삶의 길잡이가 될 수 있는 학문으로 발전할 수 있을 것이다. 이에 많은 사람들이 쉽게 배워 유용하게 쓸 수 있는 길을 구해보고자 정리를 하고자 한다.

하늘과 땅이 있고 그 사이 사람이 존재하는 천지인(天地人) 또는 천인지(天人地), 삼(三)재. 우리는 하늘에 뜻을 따라 땅에 부합하는 삶을 살아야 한다는 것, 인(仁), 의(義), 예(禮), 지(志), 신(信)—예전에는 충(忠), 효(孝), 신(信), 용(勇), 인(仁)—또한 하늘이 원하는 뜻이며 육십갑자(六十甲子), 음양오행(陰陽五行) 글자 하나하나의 뜻을 찾아 기록한 것이기에 이를 정확히 이해하고 실천한다면 더할 나위 없는 홍복(洪福)이 될 것이다.

사주 역리학(易理學)은 학문으로서만이 아니고 삶의 길잡이가 될 수 있다. 이에 따라 그동안 많은 사람들 또한 사주 역리학을 응용하고 현재까지도 사용하고 있는 것으로 안다.

여기에 사용되는 용어들은 일반 용어와는 조금 다르다는 것을 강조한다. 천지자연(天地自然)의 현상(現像)이나 인간의 운명(運命)은 일정불변(一定不變)의 상태를 지속하는 것이 아니고 항상 유동(流動)하여 바뀌는 원리(原理)가 필연적(必然的)인데, 이 원리를 설명하는 것이 역리학(易理學)이다.

우리가 연구하고자 하는 것은 역(易)의 학문적 원리나 사상을 판단하는 것이 아니라 오직 인간의 운명(運命)과 길흉(吉凶)을 역의 이치에 결부(結付)시켜 풀어가는 것이다.

또한 인간은 무릇 동식물과 달리 감각이 있고 느낌이 있으니 감식촉(感息觸), 이것을 잘 활용하면 이것이 바로 신적인 역할까지 하게 된다는 것이다.

5.
사주팔자(四柱八字)의 뜻

사주팔자(四柱八字)란 태어난 연(年), 월(月), 일(日), 시(時)를 말하는 것으로 어느 해, 어느 달, 어느 날, 어느 시에 태어났는지, 만세력(萬歲曆)을 반드시 참고하여 찾은 다음, 어떤 오행(五行)이, 어떻게 작용하는가 하는 것을 보는 관점이라고 할 수 있다.

연월일시를 근묘화실(根苗化實) 또는 원형이정(原形利定)이라고도 한다.

그래서 연은 나무의 뿌리가 되고 월은 싹이 되며 일은 꽃이고 시는 열매라고 보면 된다. 연은 조상, 월은 부모형제, 일은 자신과 배우자, 시는 자식이라고도 한다.

나무뿐 아니라 자신이 태어난 날 오행이 무엇인가에 따라 운명(運命)이 정해진다고 한다. 어느 오행이 어느 절기(節氣)에 태어나서 어떠한 기운으로 성장하고 소멸(消滅)되어 가는지 어떤 흐름에 잘되고 못되는지 대운(大運)이라는 것이 있고 해운이라는 것이 있어 이들이 조화를 이루면서 삶에 운명이라고 하는 성질이 따라가게 된다.

대운(大運)이라고 하는 것은 만세력에 있는 날짜 위에 나와 있는[1] 숫자를 쓰고 월주(月柱)를 기준으로 연간(年干)이 '양(陽)인 남자와 음(陰)인 여자'는 순행(巡幸)하고, 연간이 '음(陰)인 남자와 양(陽)인 여자'는 역행(逆行)하여 나열하고 그 위에 숫자를 표기한다. 해운은 '해마다 바뀌는 태세(太歲) 간지(干支)가 사주(四柱)와 견주어 어떤 작용을 하는가' 보는 것이다. 즉, 해운은 태세를 사주에 결부시켜서 그해 운세를 보는 것이다.

만세력을 보면 생일 위에 숫자가 있다. 그것이 대운의 숫자이니 참고하자. 순행인 사주는 생일부터 다음 달 절입일(節入日) 숫자를 세서 삼분하면 되고 역행인 사주는 생일부터 그달의 절입일(節入日)을 세서 삼분하면 대운 숫자가 나온다.

나아가 세상의 동식물 등 만물에게 부여한 생명에 사람에게만 생각할 수 있는 사고를 부여하였으니 자연의 일부이지만 마음대로 좌우할 수 있는 권한까지 주셨으니 감사하고 감사하는 마음과 생각하고 느끼는 지감(직감)[2]과 피부로 느낄 수 있는 촉감까지 주셨으니 이를 감(感), 식(息), 촉(觸)이라고 하는 것을 깨달으므로 자신을 스스로 다스릴 수 있고 모든 것을 지배하고 다스릴 수 있는 능력까지 가지게 되었다.

---

1 대운이 나와 있는 만세력을 참고하면 된다.
2 느낌을 직감이라고도 한다.

1) 사주팔자(四柱八字) 정하는 법 ★

생년(生年), 생월(生月), 생일(生一), 생시(生時)의 네 기둥을 사주팔자(四柱八字)라고 하는 것이니 이와 같이 간지의 네 기둥의 여덟 글자를 사주팔자(四柱八字)라고 하며 각 주는 다음과 같이 정한다.

(1) 연주(年柱) 정하는 법

태어난 해의 태세(太歲)가 무슨 해인가를 알아서 정하는데 연(年)의 간지(干支)는 입춘(立春)을 기준으로 한다. 갑자년(甲子年)이면 갑자(甲子), 병오년(丙午年)이면 병오(丙午)라고 하는 식이다.

⬤ 갑자년(甲子年) 12월 27일생일 경우 입춘이 갑자년(甲子年) 12월 25일에 들었으면 갑자생(甲子生)이 아니고 을축생(乙丑生)이 되며, 을축년(乙丑年) 정월(正月) 5일생일 경우 입춘이 정월(正月) 7일에 들었으면 을축생(乙丑生)이 아니고 갑자생(甲子生)이 되는 것이다. 여기서 말하는 생일은 음력을 이른다.

(2) 월주(月柱) 정하는 법

생월의 간지(干支)는 절기(節氣)를 기준하여 정하는데 생월이 2월이라도 2월 절기인 경칩(驚蟄)이 들기 전이면 정월의 간지를 월주로 정하고 2월에 출생했어도 삼월 절기인 청명(淸明)이 지나서 출생하면 삼월의 간지를 월주로 정한다.

★ 여기서 추가적으로 알아야 하는 것은 일 년은 이십사절기(二十四節氣)가 있는데 이 이십사절기 가운데 십이절기(十二節氣)만 사용한다. 그래서 십이절기를 절후표로 정해 놓은 것이고 이것을 기준으로 월의 시작을 보는 것이다.

절기	입춘	우수	경칩	춘분	청명	곡우	입하	소만	망종	하지	소서	대서
월	1		2		3		4		5		6	
절기	입추	처서	백로	추분	한로	상강	입동	소설	대설	동지	소한	대한
월	7		8		9		10		11		12	

(3) 일주(日柱) 정하는 법

일주를 정하는 것은 생일의 일주 간지(干支)를 정하는 것이므로 만세력이나 책력(冊曆)에 있는 것을 적으면 되고, 밤 열두 시(時)가 지나서 출생(出生)하면 그 다음날로 정하고 열두 시 전까지는 그날로 정한다.
예 밤 열한 시부터 열두 시까지는 야자(夜子)시라 하고 밤 열두 시에서부터 새벽 한 시까지는 주자(晝子)시라고 한다.

(4) 시주(時柱) 정하는 법

시주(時柱)는 출생한 시간으로 정하는데 전술한 바 있는 조견표(早見表)를 참고하면 된다.

🅐 생일 천간(天干)이 갑기(甲己)일이면 갑자시(甲子時)부터 시작하여 을축(乙丑), 병인(丙寅), 정묘(丁卯), 무진(戊辰), 기사(己巳), 경오(庚午), 신미(辛未), 임신(壬申), 계유(癸酉), 갑술(甲戌), 을해(乙亥)시(時)라고 한다.

시간(時間)은 일간(日干)의 오행(五行)을 극하는 것으로 시작하는 것이고 자시(子時)부터 시작하므로 갑기(甲己) 합(合)은 토(土)가 되니 토(土)를 극하는 것이 목(木)이므로 갑목(甲木)이 되어 갑자시(甲子時)로 시작하는 것이다. 을경(乙庚) 합금(合金)인 날은 금(金)을 극하는 것이 화(火)이므로 병자시(丙子時)로 시작하는 것이다.

★ 천간(月干)은 연간(年干) 합(合)(生)으로 시작하고, 시간(時干)은 일간(日干) 합(合)(尅)으로 시작하는 원리를 이해하면 되겠다.

월(月)은, 인(寅), 묘(卯), 진(辰), 사(巳), 오(午), 미(未), 신(申), 유(酉), 술(戌), 해(亥), 자(子), 축(丑), 즉 1, 2, 3, 4, 5, 6, 7, 8, 9, 10, 11, 12월이 되고 시(時)는, 자(子), 축(丑), 인(寅), 묘(卯), 진(辰), 사(巳), 오(午), 미(未), 신(申), 유(酉), 술(戌), 해(亥)로 나가는 것이다. 시간 조견표를 참조하면 된다.

★ 사주 정하는 법을 알았으니 사주를 찾아놓은 다음에는 생일 천간이 어떤 오행인가를 보자.

어느 달에 출생한 오행인가, 월에 생함을 받는가, 극함을 받는가에 따라 사주의 강약이 정해지는데 월은 사주에 가장 큰 힘을 보태는 것이므로 절기라고 하는 월을 사주 네 기둥 중, 가장 먼저 보아야 한다. 즉, 어느 부모, 어느 땅, 씨앗과 밭이라고 할 수 있다.

어떤 오행이 어떤 오행의 달에 생함과 극 등으로 일간의 기운이 정해진 다고 본다.
일단 강한 사주가 남의 탓 하지 않고 생활력도 책임감도 강하니 강하 고 봐야 할 것 같다.
사주가 강하면 대신 인덕은 부족하고 자급자족해야 하므로 노고가 따 르지만, 사주가 약하면 모든 일을 남에게 의지하기 좋아하고 안 되는 것은 남의 탓으로 돌리기 좋아하여 책임감도 없다.

★ 그럼 사주를 하나 뽑아보자.
이 역학을 보는 방법은 예전부터 내려오는 방식대로 오른쪽에서 왼 쪽으로 써가는 것이 좋을 것이나 현 시대에 모든 글이 왼쪽에서 오 른쪽으로 글을 쓰는 방식을 쓰니 그에 따라도 상관은 없다. 자리가 달라진다고 보는 법이 달라지는 것은 아니니 각자가 하고 싶은 대 로 왼쪽에서 쓰든, 오른쪽에서 쓰든 상관은 없겠으나 여기서는 예 전 방식대로 적어보겠다.

남자가 양력 2014년 4월 20일 진시에 출생하였다.
2014년은 갑오년이니 연주(年柱)에는 갑오(甲午)를 쓰고, 월주(月柱)에는 만세력을 보면 4월 5일에 삼월 절기인 청명이 들었으니 삼월 절기인 무진(戊辰)을 쓰고, 일주는 20일 날에 신유(辛酉)가 나와 있으니 신유(辛酉)를 쓰고, 시(時)는 진시(辰時)라 하였으니 시지(時支)에 진(辰) 자를 쓰고, 시간은 시간표를 보면 신유(辛酉)일 진시는 임진(壬辰)시가 되니 임진(壬辰)을 쓰면 된다.

時	日	月	年		乾
壬	辛	戊	甲		命
辰	酉	辰	午		

53	43	33	23	13	3
甲	癸	壬	辛	庚	己
戌	酉	申	未	午	巳

대운은 남자 사주에 양년(陽年)생이니 순행으로 무진을 기준으로 순행하는 것을 적으면 된다. 대운세수는 만세력 20일 날짜 위에 나와 있는 숫자 3이 대운 시작이 되겠다. 일주가 신유(辛酉)이니 자신의 신(身)은 신금(辛金)이다. 금(金)을 기준으로 금(金)이 무진(戊辰)월에 출생하였으니 이 사주는 신강(身强) 사주가 분명하다.

만일 이 사주가 여자라면 건명(乾命)을 곤명(坤命)이라 하고 순행(巡行)이 아닌 역행(逆行)으로 대운을 쓰고 대운 세수는 역행으로 5세가 되겠다. 그래서 대운은 역으로 쓴다.

	55	45	35	25	15	5		坤
	壬	癸	甲	乙	丙	丁		命
	戌	亥	子	丑	寅	卯		

　사주(四柱)는 똑같으나 남자, 여자에 따라 해석은 달라진다. 남자 신금(辛金)은 음(陰) 일간(日干)으로 강사주지만 일간(日干)이 음(陰)이므로 강(强)하지 못한 일간(日干)으로 남자로서는 강(强)함이 감소한다. 허나 여자라면 여자로서 음일간(陰日干)이 강(强)하니 여자로서 양(陽) 사주(四柱)라 비록 역행(逆行)을 하지만 일간(日干)이 강(强)하므로 고집스럽고 남자보다 강하다.

　위와 같은 방식으로 사주를 풀어 쓰면 된다.

　성격은 아래를 참고하면 된다. 이번에는 육친 관계를 살펴보자.

2) 육친(六親) 정하는 법

　육친이란 말 그대로 혈연관계에 있는 친족을 이르는 말이기도 하고 사주에서 사용하는 용어이다. 부모, 형제자매, 조부모, 자손, 이모, 숙부, 백부, 시부모 등이다.

　★ 여기서부터는 암기가 필요한 대목이다.

육친(六親)은 사주(四柱)의 일간(日干)을 기준하여 정한다.

① 비견(比肩): 日干과 五行이 같고 陰陽이 같은 것

② 겁재(劫財): 日干과 五行이 같고 陰陽이 다른 것

③ 식신(飾神): 日干의 五行이 生하는 것으로 陰陽이 같은 것

④ 상관(傷官): 日干의 五行이 生하는 것으로 陰陽이 다른 것

⑤ 편재(偏財): 日干의 五行이 剋하는 것으로 陰 陽이 같은 것

⑥ 정재(正財): 日干의 五行이 剋하는 것으로 陰.陽이 다른 것

⑦ 편관(偏官): 日干의 五行을 剋하는 것으로 陰陽이 같은 것

⑧ 정관(正官): 日干의 五行을 剋하는 것으로 陰陽이 다른 것

⑨ 편인(偏印): 日干의 五行을 生하는 것으로 陰陽이 같은 것

⑩ 정인(正印): 日干의 五行을 生하는 것으로 陰陽이 다른 것

• 비견(比肩), 겁재(劫財)를 비겁(比劫)이라고 한다. 형제자매

• 식신(食神), 상관(傷官)을 식상(食傷)이라고 한다. 아랫사람, 활동, 여자에게 자식

• 편재(偏財), 정재(正財)를 재성(財性)이라고 한다. 아버지, 재물, 남자에게 처첩

• 편관(偏官), 정관(正官)을 관성(官性)이라고 한다. 남자에게 직장, 자식, 여자에게 남편

• 편인(偏印), 정인(正印)을 인성(印性)이라고 한다. 어머니, 이모, 유모, 윗사람

3) 용신(用神) 정하는 법

사주의 강약(强弱)을 보아 필요한 오행(五行)을 용신(用神)이라고 한다.

(1) 용신(用神)이 목(木)일 때

- 용신(用神): 일간(日干)을 도와주는 오행 (木)
- 희신(喜神): 용신(用神)을 생(生)해주는 오행 (水)
- 기신(忌神): 용신(用神)을 해(害)하는 오행 (金)
- 구신(仇神): 기신(忌神)을 도와주는 오행 (土)
- 구신(救神): 기신(忌神)을 해(害)하는 오행 (火)

(2) 직업(職業)·진로 정하는 법 ★

사주의 용신에 해당하는 오행 또는 희신에 해당하는 오행

- 木이 용신인 경우: 나무를 다루는 직업, 의류업, 가구점, 행정직 공무원, 글 쓰는 직업 등
- 火가 용신인 경우: 예술계, 사교계, 외교관, 언론인 등
- 土가 용신인 경우: 건축업, 농업, 금융업, 농수산물 관계업 등
- 金이 용신인 경우: 쇠붙이를 다루는 직업 기술자, 정치인, 판검사, 소개업 등
- 水가 용신인 경우: 수산업, 유통업, 요식업 등

6.
천간(天干)과 지지(地支)의
음양오행(陰陽五行)

1) 십간(十干)과 십이지(十二支)

(1) 천간(天干)

갑(甲), 을(乙), 병(丙), 정(丁), 무(戊), 기(己), 경(庚), 신(辛), 임(壬), 계(癸)

(2) 지지(地支)

자(子), 축(丑), 인(寅), 묘(卯), 진(辰), 사(巳), 오(午), 미(未), 신(申), 유(酉), 술(戌), 해(亥)

자 子	축 丑	인 寅	묘 卯	진 辰	사 巳	오 午	미 未	신 申	유 酉	술 戌	해 亥
쥐	소	범	토끼	용	뱀	말	양	원숭이	닭	개	돼지

2) 음양(陰陽)과 오행(五行)

(1) 간지(干支)의 음양(陰陽)

양(陽)=천(天), 남자(男子), 주(晝), 중(重), 상(上), 강(强), 적극적(積極的)
음(陰)=지(地), 여자(女子), 야(夜), 경(輕), 하(下), 약(弱), 소극적(消極的)

(2) 천간(天干)의 음양(陰陽)

양(陽)=갑(甲), 병(丙), 무(戊), 경(庚), 임(壬), 양간(陽干)
음(陰)=을(乙), 정(丁), 기(己), 신(辛), 계(癸), 음간(陰干)

(3) 지지(地支)의 음양(陰陽)

양(陽)=자(子), 인(寅), 진(辰), 오(午), 신(申), 술(戌) 양지(陽支)
음(陰)=축(丑), 묘(卯), 사(巳), 미(未), 유(酉), 해(亥) 음지(陰支)

오행(五行)=목(木), 화(火), 토(土), 금(金), 수(水)

3) 육갑법(六甲法):
육십갑자(六十甲子)와 음양오행(陰陽五行)의 생극(生剋)

육갑법(六甲法)은 육십갑자(六十甲子)를 말하는 것이며 역리학의 기본이
되는 것이다.

육십갑자(六十甲子)는 십간(十干)과 십이지(十二地)가 양간(陽干)은 양지(陽
支)와 음간(陰干)은 음지(陰支)와 만나서 이루어지는데 모두 육십(六十) 가지
가 되므로 육십갑자(六十甲子)라고 한다.

육십갑자

甲子	乙丑	丙寅	丁卯	戊辰	己巳	庚午	辛未	壬申	癸酉
甲戌	乙亥	丙子	丁丑	戊寅	己卯	庚辰	辛巳	壬午	癸未
甲申	乙酉	丙戌	丁亥	戊子	己丑	庚寅	辛卯	壬辰	癸巳
甲午	乙未	丙申	丁酉	戊戌	己亥	庚子	辛丑	壬寅	癸卯
甲辰	乙巳	丙誤	丁未	戊申	己酉	庚戌	辛亥	壬子	癸丑
甲寅	乙卯	丙辰	丁巳	戊午	己未	庚申	辛酉	壬戌	癸亥

★ 오행이 가진 뜻

木火土金水을 상생(相生)과 상극(相剋)으로 표현해보자.

木生=火 火生=土 土生=金 金生=水 水生=木,
목생 화 화생 토 토생 금 금생 수 수생 목

木剋=土 土剋=水 水剋=火 火剋=金 金剋=木
목극 토 토극 수 수극 화 화극 금 금극 목

생(生)은 '날 생'으로, 극(剋)은 '이길 극'으로 각각 낳아주고 억제함을 뜻
한다.

4) 천간(天干) 합(合)·충(冲), 지지육합(地支六合)과 삼합(三合)

(1) 천간 합과 천간 충

天干 合=甲己 合=土 乙庚 合=金 丙辛 合=水

丁壬 合=木 戊癸 合=火

天干 冲=甲庚冲 乙辛冲 丙壬冲 丁癸冲 戊甲冲

己癸冲 己乙冲 丙庚冲 辛丁冲

(2) 지지육합(地支六合)과 삼합(三合) ★

• 육합(六合)

　子丑 合=土 寅亥 合=木 卯戌 合=火

　辰酉 合=金 巳申 合=水 午未 合=無

• 삼합(三合)과 반합(班合)

　三合=寅午戌合=火局, 申子辰合=水局,

　巳酉丑 合= 金局, 亥卯未 合=木局

　班合=寅午合=火, 寅戌合=火, 午戌合=火

5) 신살론(神殺論)

(1) 형충파해(刑冲破害)의 작용

• 형(刑)의 작용법(三刑殺)

형살(刑殺)은 극해(剋解), 배반(排班), 감금(監禁), 충돌(冲突), 고독(孤獨), 이별(離別) 등의 흉살(凶殺)을 말한다.

• 인사신(寅巳申)=인사(寅巳), 사신(巳申), 신인(申寅)=지세지형(地勢地形)

자기의 세력 다툼으로 일에 좌절됨이 많다.

• 축술미(丑戌未)=축미(丑未), 축술(丑戌), 술미(戌未)=무은지형(無恩地形)

은혜를 망각하고 배반하여 적으로 대하는 수가 많다.

• 자묘(子卯), (卯子)=무례지형(無禮地形)

예의를 망각하고 성질이 냉혹하여 어른을 공경할 줄 모르고 아랫사람과도 화합이 안 되며 처자 간에도 화목하지 못하다.

• 진진(辰辰), 오오(午午), 유유(酉酉), 해해(亥亥) (自刑)

성질이 명랑(明朗)하지 못하고 사절(死絶) 등의 흉성(凶星)이 있으면 불구자가 되기 쉽다. 또한 시주(時主)에 자형(自刑)이 있으면 자손이 병약하다.

(2) 지지충(地支沖)

자오충(子午沖), 축미충(丑未沖), 인신충(寅申沖), 묘유충(卯酉沖), 사해충(巳亥沖), 진술충(辰戌沖)

지지충은 지합(支合)의 반대로서 병고(病苦), 상처(喪妻), 이별(離別), 파가(破家), 소송(訴訟), 구설수(口舌數) 등 주로 흉상(凶相)을 나타내는 불길(不吉)한 작용을 하는 것이다. 그러나 충(沖)함으로 오히려 길(吉)하여 크게 발전(發展)하는 경우도 있다.

(3) 파살론(破殺論)

파산(破散)한다는 흉살(凶殺)이며 다음과 같다.

자유(子酉), 인해(寅亥), 축진(丑辰), 술미(戌未), 오묘(午卯), 사신(巳申)

월과 일의 파(破)는 부부궁(夫婦宮)이 나쁘다. 또는 일지(日支)를 파(破)하면 일신이 고립되고 처자의 연이 박하다.

월(月)을 파(破)하면 변동(變動)이 많다. 직업(職業), 주거(住居)
년(年)을 파(破)하면 부모와 일찍 헤어진다.
시(時)를 파(破)하면 만년(晚年)에 불행하다.

(4) 육해살(六害殺)

육해(六害)는 극해(剋害)하는 것인데 다음과 같다.

자미해(子未害), 축오해(丑午害), 인사해(寅巳害), 묘진해(卯辰害), 신해해(申亥害), 유술해(酉戌害)

일(日)과 시(時)에 해(害)가 있으면 노년(老年)에 이르러 잔병이 많다.
월(月)에 해(害)가 있으면 고독박명(孤獨薄命)하다. 여자는 특히 그 성질이 강하다.
인(寅)과 사(巳)의 해(害)는 이중으로 있으면 불구패질(不久敗質)이 될 수 있다.
유일(酉日) 술시생(戌時生)은 귀머거리 또는 벙어리가 되는 수가 있다.

월간지는 사주를 정할 때 어느 해, 몇 월에 낳았는가를 정하는 것으로 절입일을 기준하여 잡는다. 갑기(甲己)년에는 간(干)을 생(生)해주는 것으로 잡는다.
갑기(甲己) 합(合) 토(土)는 회(火)의 생(生)함을 받는 관계로 토(土)를 생(生)해주는 화(火)를 써서 병인월(丙寅月)부터 시작한다.
★ 여기까지는 암기가 필수이다.

7.
월간지(月干支)와
시간(時干) 정하는 법

★ 월간지(月干支)와 절후표(節侯表)

月 절입 년	正	二	三	四	五	六	七	八	九	十	十一	十二
	立春	驚蟄	淸明	立夏	芒種	小暑	立秋	白露	寒露	立冬	大雪	小寒
甲己	丙寅	丁卯	戊辰	己巳	庚午	辛未	壬申	癸酉	甲戌	乙亥	丙子	丁丑
乙庚	戊	己	庚	辛	壬	癸	甲	乙	丙	丁	戊	己
丙申	庚	辛	壬	癸	甲	乙	丙	丁	戊	己	庚	辛
丁壬	壬	癸	甲	乙	丙	丁	戊	己	庚	辛	壬	癸
戊癸	甲	乙	丙	丁	戊	己	庚	辛	壬	癸	甲	乙

★ 정시조견표(正時早見表)

時 日干	子	丑	寅	卯	辰	巳	午	未	申	酉	戌	亥
甲己	甲	乙	丙	丁	戊	己	庚	辛	壬	癸	甲	乙
乙庚	丙	丁	戊	己	庚	辛	壬	癸	甲	乙	丙	丁
丙辛	戊	己	庚	辛	壬	癸	甲	乙	丙	丁	戊	己
丁壬	庚	辛	壬	癸	甲	乙	丙	丁	戊	己	庚	辛
戊癸	壬	癸	甲	乙	丙	丁	戊	己	庚	辛	壬	癸

정시(正時)라 함은 하루에 시작을 알리는 것이며 갑기일(甲己日)에는 갑자시(甲子時)부터 시작하여 을축(乙丑), 병인(丙寅), 정묘(丁卯), 무진(戊辰), 기사(己巳), 경오(庚午), 신미(辛未), 임신(壬申), 계유(癸酉), 갑술(甲戌), 을해시(乙亥時)가 된다. 모든 것이 이렇게 작용한다. 갑자일(甲子日), 갑인일(甲寅日), 갑진일(甲辰日), 갑오일(甲午日), 갑신일(甲申日), 갑술일(甲戌日) 그리고 기축일(己丑日), 기묘일(己卯日), 기사일(己巳日), 기미일(己未日), 기유일(己酉日), 기해일(己亥日)이 똑같은 갑자시(甲子時)로 시작된다는 것이다.

★ 간지(干支)의 사절(四節)과 왕쇠(旺衰)

干支	甲乙 寅卯	丙丁 巳午	庚辛 申酉	壬癸 亥子	戊己辰戌丑未
四季	春	夏	秋	冬	四季
旺	正 二 三	四 五 六	七 八 九	十, 十一, 二	三 六 九 十二
生	十 十一	正 二 三	三 六 九 十二	七 八	四, 五
衰	四五六七八九 十二	七八九十 十一 十二	正二四五十, 十一	正二三四五 六.九	正二七八十. 十一

8.

지지(地支) 장간(藏干)
분야표(分野表)

地支	子	丑	寅	卯	辰	巳	午	未	申	酉	戌	亥
餘氣	壬	癸	戊	甲	乙	戊	丙	丁	戊	庚	辛	戊
中氣		辛	丙		癸	庚	己	乙	壬		丁	甲
正氣	癸	己	甲	乙	戊	丙	丁	己	庚	辛	戊	壬

　　장간(藏干)이라 함은 지지(地支) 속에 천간(天干)이 들어있는 것이라 말한다.

　　예를 들어, 자(子) 중(中)에는 천간(天干) 임계(壬癸)가 들어 있고 서기, 중기(中氣), 정기(正氣) 하는 것은 기운의 강함을 뜻하는 것으로 정기(正氣)가 가장 강(强)하다고 본다.

　　★ 일주론(日柱論): 일주(日柱)는 생일(生日)을 말하는 것으로 일간(日干)은 자신(自身), 일지(日支)는 배우자로 보고, 일간(日干)의 오행(五行)에 따라 성격(性格)이 나온다.

9.
오행(五行)의
성격(性格)

1) 오행에 따른 성격판단

목(木), 화(火), 토(土), 금(金), 수(水), 오행(五行)이 품고 있는 성격(性格)이 음양(陰陽)에 따라 강약(强弱)이 정해지는 것을 볼 수 있다.

(1) 갑목(甲木) 일주(日柱)

• 남자는 여자에게 다정다감하고 재물에 욕심이 많다.
• 여자는 자기 고집이 세고 재물에 대한 욕심이 많다. (다 자란 대림목, 목
  재로 사용될 수 있는 나무다.)

(2) 을목(乙木) 일주(日柱)

- 남자는 정의롭고 잔재주가 많고 생활력이 강하다. 사주가 약하면 남에게 의지하기를 좋아한다.
- 여자는 현모양처로 가정적이고 생활력 또한 강하나 외유내강 성격이다. (작은 나무 넝쿨과 생명력이 강한 식물이다.)

(3) 병화(丙火) 일주(日柱)

- 남자는 호탕한 듯하지만 성격이 급하고 여자에게 자상하다. 돈에 대한 애착이 크고 결벽증이 있으며 끈기가 없다.
- 여자는 유독 욕심이 많고 성격이 급하고 결벽증이 있다. (태양불, 바닷물도 따뜻하게 할 수 있지만 소멸성과 공포감도 있다.)

(4) 정화(丁火) 일주(日柱)

- 남자는 인정이 있고 의타심 강하고 의리도 있고 중상모략에 잘 휘말리고 머리는 좋으나 결벽증도 있다.
- 여자는 화끈한 듯하나 남자에게 약하고 성격이 급하고 다혈질적이면 깊이 생각하기를 꺼려한다. (촛불이나 반딧불처럼 약한 듯하지만 큰불을 낼 수 있는 소질이 있고 소멸, 폐허, 공포를 줄 수 있다.)

(5) 무토(戊土) 일주(日柱)

- 남자는 통이 큰 듯 보이지만 사실은 욕심이 많고 여자를 좋아하며 책임감이 부족하고 안일하다.
- 여자는 유독 배짱이 좋고 욕심도 많다. (큰 산, 대지 같이 모든 것을 품을 수 있는 것 같으나 안일하다.)

(6) 기토(己土) 일주(日柱)

- 남자는 의리심이 강하고 명예욕이 있으며 자존심 강하고 허영심도 많다.
- 여자는 자존심 강하고 남자에게 약하고 허영심이 있고 방황하게 되며 신약한 사주는 모래 위에 성을 쌓는 격으로 위태위태하다. 신경 과민증이 있을 수 있다. (자존심이 강하고 의리 있고 신의를 중하게 여기나 끈기가 약하다. 포부는 크나 그릇이 작다.)

(7) 경금(庚金) 일주(日柱)

- 남자는 여자에게 잘하고 강직하고 냉정하며 안전성이 없고 불안하다.
- 여자는 재물에 약하고 강직하고 머리는 비상하나 안전성이 없다.
  (광산에서 바로 나온 금, 가공되지 않은 쇠라 불에 약하고 잘 불어진다. 강한 듯 보이나 약하다.)

(8) 신금(辛金) 일주(日柱)

- 남자는 의리 있고 소심하고 결단력이 부족하고 냉정하고 유대 관계 순탄하지 않다.
- 여자는 외유내강 남자에게 약하고 의리에 강하고 강직하나 유대 관계가 순탄하지 않다. 혁명적이고 죽음에 초연하다. (불 속에 여러 번 들어가 담금질되어 나온 보석 같은 금이라 인내심 많고 의리 있고 외유내강)

(9) 임수(壬水) 일주(日柱)

- 남자는 특히 여자에게 다정다감하며 내성적이고 욕심도 있고 언변에 재주가 있고 절대 속내를 드러내지 않는 권모술수에도 능하다.
- 여자는 특히 재물에 약하고 내성적이라 속을 알 수가 없고 말소리도 조용하고 변동을 잘하고 권모술수에 귀재다. (바닷물처럼 큰 뜻을 가진 듯하나 넘치는 법 없이 조용히 다 챙기는 바닷물처럼 보이나 큰 파도를 일으킬 수도 있다.)

(10) 계수(癸水) 일주(日柱)

- 남자는 대단히 소극적이고 조용한 듯하지만 명예욕이 강하고 앞에 나서기보다 주어진 일에 충실하다.

• 여자는 조용한 듯하지만 속내를 잘 드러내지 않고 내성적이면서 명예를 중시하기도 한다. (빗물 작은 물 가뭄에 단비처럼 계곡물처럼 적게 시작하여 크게 이룰 수 있는 소리 없이 큰일을 낼 수 있는 성품이다.)

이상의 성격도 사주의 강약에 따라 강도가 변화한다. 또한 대운에 흐름에 따라 운세도 변하지만 사람이 성장하면서 성격도 어느 정도 변화가 온다. 그러나 타고난 기질은 변하지 않는다.

2) 오행의 쓰임새

(1) 갑목론(甲木論)

갑목(甲木)은 다 자란 큰나무, 대림목이라고 하고 다 자란 나무니 목재로 쓰일 수 있는 기능을 가지고 있어 다듬어 주어야 하므로 강하지만 약한 구석이 있고 나무라는 물질의 성질은 위로 올라가는 성질이 있어 남과 화합이 잘 안 되고 같은 나무끼리 있어도 시샘이 많고 고집이 세다.

★ 이렇듯 다듬어 목재로 쓸 수 있는 것이니 잘 조절하면 큰 인물이 될 수도 있다.

• 연간(年干) 갑목(甲木): 자연, 씨앗, 신, 초극, 으뜸.

• 일간(日干) 갑목(甲木): 성질이 강직하고 다(多)하면 여자 같고 목(木)이 없으면 가옥(家屋) 갖기가 힘들다. 직업은 예술인, 연예인이 맞다.

• 정월(正月)생 갑목(甲木)은 병화(丙火)가 있어야 온난(溫暖)하게 하고 기후를 고르게 한다. 그러면 양기(陽氣)가 번조(煩燥)하니 우로수(雨露水)인 계수(癸水)를 착용(着用)하여야 한다.

• 2월생 갑목(甲木): 거세(巨勢)로 경금(庚金)이 있어야 하고 병화(丙火)나 정화(丁火)가 있어야 된다. 무토(戊土)나 기토(己土)가 있어야 화의기(火蟻氣)를 설(洩)하게 되니 그렇게 함으로써 경금(庚金)을 보호하여 갑목(甲木)의 재(財)가 된다.

• 3월생 갑목(甲木): 월령(月令)에 진토(辰土)가 있어서 경금(庚金)이 진토(辰土)에 생(生)을 받아 경금(庚金)이 너무 강하므로 정화(丁火)를 취(取)하여 치유(治癒)하고 임수(壬水)로 경금(庚金)의 기(氣)를 설기(洩氣)하면 갑목(甲木)을 생(生)하여 준다.

• 4월생 갑목(甲木): 먼저 계수(癸水)를 써야 한다. 4월은 화기(火氣)가 조열(燥熱)하는 제화(濟化)여야 한다. 그다음으로 경금(庚金)으로 계수(癸水)의 근원(根源)이 발생하여 주어야 한다. 정화(丁火)는 국내에 수기(水氣)가 없으면 경금(庚金)이 갑목(甲木)을 극(剋)하므로 편관(偏官)에 살(煞)을 만나면 평지풍파(平地風波)가 일어난다. 그러므로 경금(庚金)을

제거(制擧)하기 위하여 정화(丁火)를 쓴다.

• 5월생 갑목(甲木): 화기(火氣)가 과열(過熱)하여 선용(先用) 계수(癸水)하여 조후(燥後)하고 경금(庚金)으로 수원(水原)을 발생하여 주어야 한다. 목성(木性)이 허초(許草)하니 경금(庚金)이 성(盛)하면 정화(丁火)로 제지(制之)하여야 한다. 목(木)이 너무 성(成)하면 경금(庚金)을 선용(先用)한다.

• 6월생 갑목(甲木): 먼저 계수(癸水)를 써야 하는데 상반월(上半月)에는 정월(正月)과 같다. 하반월(下半月)에는 경금(庚金)과 정화(丁火)를 쓰면 좋다. 이때는 수가 진기(進氣)되어 오는 시기(時期)이므로 그렇게 본다.

• 7월생 갑목(甲木): 월령(月令)에 신금(申金)이 녹(祿)을 얻어 강하니 정화(丁火)로 가속하는 것이 좋고 정화(丁火)가 없으면 임수(壬水)로 신금(辛金)의 강예(鋼銳)를 설(洩)하여 갑목(甲木)을 생(生)하면 살인 상생(相生)이 된다. 그러나 귀(貴)를 못하고 부(富)만 한다.

• 8월생 갑목(甲木): 경금(庚金)을 선용(先用)하고 조후(調後)하고 정화(丁火)로 제급(制急)한다.

• 9월생 갑목(甲木): 경금(庚金)을 써서 수삭(修削)하고 임계수(壬癸水)로 자윤(滋潤)하여야 한다. 이는 9월에 토(土)가 왕(旺)한 까닭이다. 그리고 경금(庚金)을 쓰면 정화(丁火)로 제급(制急)하여야 한다.

• 10월생 갑목(甲木): 경금(庚金)을 쓰면 정화(丁火)로 제급(制急)하고 병화(丙火)로 조후(操後)한다. 그리고 무토(戊土)로 제수(制水)하여야 한다. 이는 10월에는 임수(壬水)가 왕(旺)한 때문이다.

• 11월생 갑목(甲木): 경금(庚金)을 쓰고 정화(丁火)로 경금(庚金)을 제(制)하며 병화(丙火)로 조후(操後)하고 무토(戊土)로 제수(制水)하여야 한다.

• 12월생 갑목(甲木): 정화(丁火)가 많아야 하고 경금(庚金)이 있어야 하며 병화(丙火)가 있어야 조후(操後)한다.

(2) 을목론(乙木論)

을목(乙木)은 작은 나무, 정원수 또는 넝쿨과 담쟁이 같은 가느다란 식물이므로 집 재목으로는 서까래 정도밖에 안 되지만 생명력이 질기다. 생활력이 있고 살기 위해 바위든 쇠든 닿기만 하면 잡고 올라가려는 의지가 강한 식물이다. 외유내강이라고 볼 수 있다.

• 연간(年干) 을목(乙木): 지배를 받지 않고 극단적으로 간다.
• 일간(日干) 을목(乙木): 생활력이 강하고 사교성이 있으며 외유내강의 성격이다.

• 정월생 을목(乙木): 병화(丙火) 계수(癸水)가 있어야 한다. 병화(丙火)를

취(取)하여 해한(解寒)하고 약간의 계수(癸水)를 취(取)하여 자윤(滋潤)하게 하는 것이 좋다. 병화(丙火)를 곤(困)하게 하는 것이 좋지 않다. 화다(火多)하면 계수(癸水)를 쓴다.

• 2월생 을목(乙木): 병화(丙火) 계수(癸水)를 쓴다. 계수(癸水)를 써 목(木)을 자양(慈養)하고 병화(丙火)로서 수기(水氣)를 설(洩)하나 금(金)을 봄이 좋지가 않다.

• 3월생 을목(乙木): 병화(丙火) 계수(癸水) 무토(戊土)를 취(取)하여야 한다. 지(支)에 수국(水局)을 이루였으면 무토(戊土)를 취(取)하여 도움을 얻는다.

• 4월생 을목(乙木): 계수(癸水)를 쓴다. 월령(月令)에 병화(丙火)가 록(祿)을 얻어 오로지 계수(癸水)를 쓰니 조후(操後)가 급(急)하다.

• 5월생 을목(乙木): 계수(癸水) 병화(丙火)를 쓴다. 上半月에는 계수(癸水)를 쓰고 하반월(下半月)에는 병화(丙火) 계수(癸水)를 사용(使用)한다.

• 6월생 을목(乙木): 계수(癸水) 병화(丙火)를 쓴다. 윤토(潤土) 자목(滋木)하면 계수(癸水)를 희용(喜用)하고 주중에 금수(金水)가 많으면 병화(丙火)를 쓴다.

• 7월생 을목(乙木): 병화(丙火) 계수(癸水) 기토(己土)를 쓴다. 월령(月令)에

경금(庚金)이 사령(司令)하니 병화(丙火)를 취(取)하여 제지(制之)하고 만약 계수(癸水)를 화지(化之)하면 병화(丙火)나 계수(癸水)를 물론 하고 기토(己土)를 돕는 것이 좋다.

- 8월생 을목(乙木): 계수(癸水) 병화(丙火) 정화(丁火)를 쓴다. 상반월(上半月)에는 계수(癸水)를 먼저 쓰고 병화(丙火)를 뒤에 쓴다. 하반월(下半月)에는 병화(丙火)를 먼저 쓰고 계수(癸水)를 뒤에 쓴다. 수(水)가 없으면 임수(壬水)를 쓰고 지지(地支)에 수국(水局)을 이루면 또 정화(丁火)를 씀이 좋다.

- 9월생 을목(乙木): 계수(癸水) 신금(辛金)을 쓴다. 금(金)으로서 수원(水源)을 발(發)한다. 갑목(甲木)을 보면 등라계(藤蘿繫)라 한다.

- 10월생 을목(乙木): 병화(丙火) 무토(戊土)를 쓴다. 을목(乙木)이 향양(向陽)하니 오로지 병화(丙火)를 취(取)하고 수(水)가 많으면 무토(戊土)를 돕는다.

- 11월생 을목(乙木): 병화(丙火)를 쓴다. 한목(寒木)이 향양(向陽)하니 오로지 병화(丙火)를 쓰고 계수(癸水)를 보는 것을 꺼린다.

- 12월생 을목(乙木): 병화(丙火)를 쓴다. 한곡(寒谷) 회춘(回春)하는 상(象)이니 오로지 병화(丙火)를 쓴다.

★ 을목(乙木)의 성품은 질기고 가느다란 담쟁이과 식물과 같아 생명력 또한 강하다. 살려고 하는 의지가 강하고 사교성도 좋다고 본다.

(3) 병화론(丙火論)

병화(丙火)는 태양불로 온 지구를 밝히듯 따뜻하지만 식물을 키워내든 가 폭염으로 말라 죽게 할 정도로 극단적이고 단순하다.

• 연간(年干) 병화(丙火): 소멸, 폐허, 전쟁, 공포 등의 위험
• 일간(日干) 병화(丙火): 성질이 급하고 다혈질이며 직업에 변동이 많다.

• 정월생 병화(丙火): 임수(壬水) 경금(庚金)을 쓴다. 임수(壬水)가 용신(用神)이 되면 경금(庚金)을 써서 수원(水源)을 발(發)하여야 함을 말한다.

• 2월생 병화(丙火): 임수(壬水) 기토(己土)를 쓴다. 오로지 임수(壬水)를 쓰나 수다(水多)하면 무토(戊土)를 제지(制之)하고 신약(身弱)하면 인성(印姓)으로 화(化)하고 임수(壬水)가 없으면 기토(己土)를 쓴다.

• 3월생 병화(丙火): 임수(壬水) 갑목(甲木)을 쓴다. 오로지 임수(壬水)를 쓰니 토(土)가 중(重)하면 갑목(甲木)이 도움을 준다.

• 4월생 병화(丙火): 임수(壬水) 경금(庚金) 계수(癸水)를 쓴다. 경금(庚金)이

도와주니 무토(戊土)가 임수(壬水)의 제극(制剋)함을 꺼린다. 임수(壬水)가 없으면 계수(癸水)를 쓴다.

• 5월생 병화(丙火): 임수(壬水) 경금(庚金)을 쓴다. 임수(壬水) 경금(庚金)이 신궁(申宮)에 통근(通勤)되면 묘(妙)함이 있다.

• 6월생 병화(丙火): 임수(壬水)를 쓰고 경금(庚金)으로 도움을 준다.

• 7월생 병화(丙火): 임수(壬水) 무토(戊土)를 쓴다. 임수(壬水)가 신궁(申宮)에 통근(通根)하였으니 임수(壬水)가 많으면 무토(戊土)를 취하여 제지(制之)를 한다.

• 8월생 병화(丙火): 임수(壬水) 계수(癸水)를 쓴다. 사주(四柱)에 병화(丙火)가 많고 일임수(一壬水)가 고투(高透)하면 매우 좋다. 임수(壬水)가 없으면 계수(癸水)를 대용한다.

• 9월생 병화(丙火): 갑목(甲木) 임수(壬水)를 쓴다. 토(土)의 회광(晦光)함을 무서워하니 먼저 갑목(甲木)을 취(取)하고 다음으로 임수(壬水)를 쓴다.

• 10월생 병화(丙火): 갑목(甲木) 무토(戊土) 경금(庚金) 임수(壬水)를 쓴다. 월(月) 항에 임수(壬水)가 령(令)을 얻으니 수왕(水旺)하면 갑목(甲木)으로 화지(化之)하고 신살(身煞)이 양왕(兩旺)하면 무토(戊土)로서 살(煞)을 제지(制之)하고 화(火)가 왕(旺)하면 임수(壬水)를 쓰고 목왕(木旺)하면

경금(庚金)이 좋다.

• 11월생 병화(丙火): 임수(壬水) 기토(己土) 무토(戊土)를 쓴다. 양(陽)이 진기(進氣)하면 병화(丙火)가 양중(弱中)에 다시 약(弱)하게 된다. 임수(壬水)를 쓰고 무토(戊土)를 취(取)하여 제지(制之)한다.

• 12월생 병화(丙火): 임수(壬水) 갑목(甲木)을 쓴다. 임수(壬水)가 희용(喜用)이 되니 토다(土多)하면 갑목(甲木)이 적을 수 없다.

★ 병화(丙火)는 태양불로 밝음을 뜻하지만 광폭(狂暴)하고 이기적이고 작렬하는 빛과 같이 오래가지 않는 성질을 소유하고 있다.

(4) 정화론(丁火論)

정화(丁火)는 작은 불씨 촛불을 의미하지만 불씨는 작아도 화기를 일으킬 수 있는 기질이 있어 병화보다 강하다고 본다. 큰불이 나게 할 수도 있는 불씨이므로 극단적이기도 하지만 때로는 쉽게 꺼지기도 하는 단순함도 있다.

• 연간(年干) 정화(丁火): 미완성을 뜻하고 방해를 잘 받는다. 인정 있고 의타심이 많으며 중상모략에 잘 휘말린다.
• 일간(日干) 정화(丁火): 성질이 조급하고 머리는 좋으나 결벽증이 있다.

•정월생 정화(丁火): 갑목(甲木) 경금(庚金)을 쓰니 경금(庚金)으로서 갑목 (甲木)을 쪼개어 정화(丁火)를 인도한다.

•2월생 정화(丁火): 경금(庚金) 갑목(甲木)을 쓰고 경금(庚金)으로서 을목 (乙木)을 버리고 갑목(甲木)으로써 정화(丁火)를 인도한다.

•3월생 정화(丁火): 갑목(甲木) 경금(庚金)을 쓴다. 갑목(甲木)으로써 정화 (丁火)를 인도하며 제토(制土)한 다음 목(木)이 성(盛)하면 경금(庚金)을 쓰고 수(水)가 성(盛)하면 무토(戊土)를 쓴다.

•4월생 정화(丁火): 갑목(甲木) 경금(庚金)을 쓴다. 갑목(甲木)을 취(取)하여 정화(丁火)를 인도하고 갑목(甲木)이 많으면 경금(庚金)을 취(取)하여 먼 저 쓴다.

•5월생 정화(丁火): 임수(壬水) 경금(庚金) 계수(癸水)를 쓰는데 화가 많으 면 경금(庚金) 임수(壬水)를 써 귀(貴)를 한다. 임수(壬水)가 없으면 계수 (癸水)라도 써야 권세(權勢)를 잡는다.

•6월생 정화(丁火): 갑목(甲木)임수(壬水) 경금(庚金)을 쓴다. 갑목(甲木)으로 써 임수(壬水)를 화(化)하여 정화(丁火)를 인용(引用)한다. 갑목(甲木)을 쓰 는데 능히 경금(庚金)이 없으면 경금(庚金)을 취(取)하여야 도움이 된다.

•7, 8월생 정화(丁火): 갑목(甲木) 경금(庚金) 병화(丙火) 무토(戊土)를 쓴다.

경금(庚金)은 취(取)하여 갑목(甲木)을 쪼개고 갑목(甲木)이 없으면 을목(乙木)을 쓴다. 병화(丙火)를 쓰면 수(水)를 어둡게 하고 갑목(甲木)을 빛나게 한다. 경금(庚金) 갑목(甲木)이 없으면 을목(乙木)을 쓰나 병화(丙火)를 보아야 고초(枯草)가 인등(引燈)하게 된다 수왕(水旺)하면 무토(戊土)를 쓴다.

• 9월생 정화(丁火): 갑목(甲木) 경금(庚金) 무토(戊土)를 쓴다. 일파무토(戊土)에 갑목(甲木)이 없으면 편관편진(偏官偏盡)이라 한다.

• 10, 11, 12월생 정화(丁火): 갑목(甲木) 경금(庚金)을 쓴다. 경금(庚金)으로 갑목(甲木)을 깨트려 정화(丁火)를 인도하니 갑목(甲木)으로 위주(爲主)한다. 그리고 경금(庚金)으로 돕는다. 무토(戊土)와 계수(癸水)의 권세(權勢)에 따라 적의(適宜)하게 쓴다.

★ 정화(丁火)는 음화(陰火)로 촛불, 작은 불씨지만 병화(丙火)보다 친화력이 강하여 큰 불을 낼 수 있는 성질을 가지고 있다.

(5) 무토론(戊土論)

무토(戊土)는 대역 토, 대지를 뜻하기도 하고 큰 산으로 볼 수도 있다. 모든 것을 다 품어주는 것이 토이니 포용력도 있고 인자한 듯하지만 욕심이 많다. 통이 크고 배짱도 있다.

• 연간(年干) 무토(戊土): 넓은 땅, 대지(大地)를 뜻하며 통이 크고 큰일을 좋아한다.

• 일간(日干) 무토(戊土): 자존심이 강하고 신용(信用)이 있으며 변통성(變通性)이 없고 옹졸하다. 집착력이 강하고 다(多)하면 저축성이 강하며 말이 많다. 토 불급(土不及)이면 모래 위에 성을 쌓은 격이라 되는 일이 없고 신경과민이 될 수 있다. 종교인.

• 정월, 2월생 무토(戊土): 병화(丙火) 갑목(甲木) 계수를 쓴다. 병화(丙火)의 조난(照暖)함이 없으면 무토(戊土)가 不생(生)하게 되고 갑목(甲木)의 소벽(疏劈)함이 없으면 만물(萬物)의 불장(不長)하니 먼저 병화(丙火)를 쓰고 다음으로 계수(癸水)를 쓴다.

• 3월생 무토(戊土): 병화(丙火) 갑목(甲木) 계수(癸水)를 쓴다. 무토(戊土)가 사령(司令)하니 먼저 갑목(甲木)으로서 통근(通根)시키고 다음으로 병화(丙火)를 쓰고 또 계수(癸水)를 쓴다.

• 4월생 무토(戊土): 갑목(甲木) 병화(丙火) 계수(癸水)를 쓴다. 무토(戊土)가 건록(建祿)하니 먼저 갑목(甲木)으로써 소벽(疏劈)하고 다음으로 계수(癸水)를 쓴다.

• 5월생 무토(戊土): 조후(調候)가 급(急)하니 먼저 임수(壬水)를 다음으로 갑목(甲木)을 쓰며 병화(丙火)를 배용(配用)한다.

• 6월생 무토(戊土): 조후(調候)가 급(急)하니 계수(癸水)를 결(缺)할 수가 없고 병화(丙火)를 배용(配用)하고 토중(土重)하면 갑목(甲木)이 없을 수 없다.

• 7월생 무토(戊土): 병화(丙火) 계수(癸水) 갑목(甲木)을 쓴다. 한기(寒氣)가 점증(漸增)하니 먼저 병화(丙火)를 쓰고 수(水)가 많으면 갑목(甲木)으로 설기(洩氣)한다.

• 8월생 무토(戊土): 병화(丙火) 계수(癸水)를 쓴다. 병화(丙火)의 조난(照暖)하게 함을 의지하고 수(水)로서 자윤(滋潤)하게 함이 기쁘다.

• 9월생 무토(戊土): 갑목(甲木) 병화(丙火) 계수(癸水)를 쓴다. 무토(戊土)가 점증(漸增)하니 먼저 갑목(甲木)을 쓰고 다음은 병화(丙火)를 쓴다. 금(金)을 보면 먼저 병화(丙火)를 취(取)하니 갑목(甲木)이 불(不)대하고 병화(丙火)가 아니면 따뜻하지 아니하다.

• 10월생 무토(戊土): 갑목(甲木) 병화(丙火)를 쓴다. 갑목(甲木)이 아니면 무토(戊土)가 불(不)대하고 병화(丙火)가 아니면 따뜻하지 못하다.

• 11, 12월생 무토(戊土): 병화(丙火) 갑목(甲木)을 쓴다. 병화(丙火)를 으뜸으로 하고 갑목(甲木)으로써 도움을 준다.

★ 무토(戊土)는 대역토(大役土)로 큰산을 뜻하며 포부는 크나 무모하고 욕심이 많다.

(6) 기토론(己土論)

기토(己土)는 작은 토, 정원 또는 화분에 있는 작은 토라 불안정하고 조바심을 잘 느낀다. 토에 성품이 있어 품어주는 마음도 있지만 인내심이 부족하고 자존심이 강하다.

- 연간(年干) 기토(己土): 방황, 허영, 죽음, 단명.
- 일간(日干) 기토(己土): 자존심이 강하고 신용(信用)은 있으며 변통성(變通性)이 없고 옹졸하다. 집착력이 강하고 말이 많다.

- 정월생 기토(己土): 병화(丙火) 경금(庚金) 갑목(甲木)을 쓴다. 병화(丙火)를 취(取)하여 해동(解凍)을 시키니 임수(壬水)보는 것을 대기(大忌)한다. 만일 수다(水多)하면 무토(戊土)로서 돕고 토다(土多)하면 갑목(甲木)을 쓰며 갑목(甲木)이 많으면 경금(庚金)을 쓴다.

- 2월생 기토(己土): 갑목(甲木) 계수(癸水) 병화(丙火)를 쓴다. 갑목(甲木)을 쓰게 되면 기토(己土)와 화합(化合)하게 됨을 불요(不要)하고 다음으로는 계수(癸水)로서 윤택(潤澤)하게 해약한다,

- 3월생 기토(己土): 병화(丙火) 계수(癸水) 갑목(甲木)을 쓴다. 먼저 병화(丙火)를 쓰며 뒤에 계수(癸水)를 쓰고 토(土)를 따뜻하게 하며 윤택(潤澤)하게 하여야 하고 갑목(甲木)으로 소토(疏土)하여야 한다.

• 4, 5, 6월생 기토(己土): 계수(癸水) 병화(丙火)를 쓴다. 조후(調候)가 급(急)하니 능(能)히 계수(癸水)를 쓰지 아니할 수 없고 토(土)가 윤택(潤澤)하면 능(能)히 병화(丙火)가 있어야 한다.

• 7월생 기토(己土): 병화(丙火) 계수(癸水)를 쓴다. 병화(丙火)로서 온후(溫候)하게 하고 계수(癸水)로 자윤(滋潤)하게 한다. 7월에 경금(庚金)이 사령(司令)하니 병화(丙火)로서 금(金)을 제극(制剋)하고 계수(癸水)로 설금(洩金)한다.

• 8월생 기토(己土): 병화(丙火) 계수(癸水)를 쓴다. 신금(辛金)을 취(取)하여 계수(癸水)의 도움을 받는다.

• 9월생 기토(己土): 갑목(甲木) 병화(丙火) 계수(癸水)를 쓴다. 9월에 토성(土成)하니 갑목(甲木)으로 소토(疏土)하고 다음으로 병화(丙火) 계수(癸水)를 쓴다.

• 10, 11, 12월생 기토(己土): 병화(丙火) 갑목(甲木) 계수(癸水)를 쓴다. 삼동(三冬)의 기토(己土)는 병화(丙火)가 따뜻하게 하지 아니하면 생(生)하지 못한다. 초동(初冬)에 임수(壬水)가 왕(旺)하니 무토(戊土)를 취하여 제극(制剋)하고 토다(土多)하면 갑목(甲木)을 취(取)하여 소토(疏土)한다.

(7) 경금론(庚金論)

경금(庚金)은 강금이나 광산에서 방금 캐낸 광석에 불과하므로 아직은
잘 깨지고 부러진다. 불맛을 보고 단련하여야 하므로 두려움도 많고
인내심도 없다. 강한 듯 보이나 약하다.

- 연간(年干) 경금(庚金): 안전성이 없어 불안하다.
- 일간(日干) 경금(庚金): 강직하고 냉정하며 머리는 비상하고 말이 없다.
  다만 유대관계가 순탄하지 않다.

- 정월생 경금(庚金): 무토(戊土) 갑목(甲木) 병화(丙火) 정화(丁火)를 쓴다.
  병화(丙火)로서 경금(庚金)의 성질(性質)을 따뜻하게 하고 토후(土厚)하면
  금리(理)될까 염려하나 갑목(甲木)으로 소설(疏洩)한다. 화다(火多)하면
  토(土)를 쓰고 지지(地支)에 화국(火局)을 이루면 임수(壬水)를 쓴다.
- 2월생 경금(庚金): 정화(丁火) 갑목(甲木) 경금(庚金) 병화(丙火)를 쓴다. 경
  금(庚金)이 암강(暗强)하면 오로지 정화(丁火)를 쓰고 갑목(甲木)을 빌어
  정화(丁火)를 인도하면 정화(丁火)가 없으면 병화(丙火)를 쓴다.

- 3월생 경금(庚金): 갑목(甲木) 정화(丁火) 임수(壬水) 계수(癸水)를 쓴다.
  완금(頑金)이면 정화(丁火)를 쓰는 것이 좋고 토왕(土旺)하면 갑목(甲木)
  을 쓰며 경금(庚金)이 벽갑(劈甲)을 쓰지 아니한다. 지지(地支)에 화(火)
  가 있으면 계수(癸水)를 쓰는 것이 좋고 간(干)에 화(火)가 있으면 임수
  (壬水)를 쓴다.

• 4월생 경금(庚金): 임수(壬水) 무토(戊土) 병화(丙火) 정화(丁火)를 쓴다. 병화(丙火)가 용금(鎔金)을 못하니 오직 임수(壬水)의 제극(制剋)을 좋아하고 다음으로 무토(戊土)를 취(取)하여 병화(丙火)로 도움을 준다. 지지(地支)에 금국(金局)을 이루면 강(弱)한 것이 변하여 강(强)하게 되니 정화(丁火)를 써야 한다.

• 5월생 경금(庚金): 임수(壬水) 계수(癸水)를 쓴다. 오로지 임수(壬水)를 쓰고 계수(癸水)가 다음이 되며 지지(地支)에 경신금(庚辛金)을 보면 도움이 된다. 임계수(壬癸水)가 없으면 무기토(戊己土)로 화기(火氣)를 설(洩)하라.

• 6월생 경금(庚金): 정화(丁火) 갑목(甲木)을 쓴다. 만일 지지(地支)에 토국(土局)을 회성(會成)하면 갑목(甲木)을 먼저 쓰고 뒤에 정화(丁火)를 쓴다.

• 7월생 경금(庚金): 정화(丁火) 갑목(甲木)을 쓴다. 오로지 정화(丁火)를 쓰고 갑목(甲木)으로 정화(丁火)를 인도한다.

• 8월생 경금(庚金): 정화(丁火) 갑목(甲木) 병화(丙火)를 쓴다. 정화(丁火) 갑목(甲木)이 금(金)을 다루고 병화(丙火)를 겸용(兼用)하여 조후(調候)한다.

• 9월생 경금(庚金): 갑목(甲木) 임수(壬水)를 쓴다. 토후(土厚)하면 갑목(甲木)을 먼저 써서 소토(疏土)하고 다음으로는 임수(壬水)로서 기토(己土)

가 임수(壬水)를 흐리게 할까 두렵다.

• 10월생 경금(庚金): 정화(丁火) 병화(丙火)를 쓴다. 수(水)가 한냉(寒冷)하고 금한(金寒)하니 병화(丙火)를 쓰고 갑목(甲木)으로 도운다.

• 11, 12월생 경금(庚金): 병화(丙火) 정화(丁火) 갑목(甲木)을 쓴다. 정화(丁火) 갑목(甲木)을 취(取)하고 다음으로 병화(丙火)의 조난(照暖)을 취(取)한다. 일맥(一脈) 금수(金水)면 화양(和陽)한 곳에 들어가지 못하므로 고빈(孤貧)하게 된다.

★ 경금(庚金)은 강금(剛金)으로 불맛을 보지 않은 관계로 강하지 못하고 약하다. 그러므로 매사에 신중을 기해야 한다.

(8) 신금론(辛金論)

신금(辛金)은 이미 불 속에 들어갔다 나오기를 반복한 주옥같은 금이라 죽음에도 초연하고 인내심도 있으며 매사 조심성이 있다. 자존심이 강하고 남에게 속을 잘 주지 않으려고 한다. 유대 관계가 원만하지 않다.

• 연간(年干) 신금(辛金): 혁명적(革命的)이고 죽음에 초연(抄然)하다.
• 일간(日干) 신금(辛金): 외유내강(外乳內强), 인내심이 강하고 머리가 비

상(飛想)하다. 유대관계가 순탄하지 않다.

• 정월생 신금(辛金): 기토(己土) 경금(庚金) 임수(壬水)를 쓴다. 신금(辛金)
이 선령(先令)하니 기토(己土)를 취(取)하여 생신(生身)의 본(本)을 하고
신금(辛金)의 발용(發用)은 오로지 임수(壬水)의 공(功)을 의지하니 임기
(壬己)를 수용(垂用)하고 경금(庚金)으로 도운다.

• 2월생 신금(辛金): 임수(壬水) 갑목(甲木)을 쓴다.

• 3월생 신금(辛金): 임수(壬水) 갑목(甲木)을 쓴다. 만일 병화(丙火)와 신금
(辛金)의 합(合)을 보면 계수(癸水)가 있어 병화(丙火)를 제극(制剋)하라.
지지(地支)에 새해자신(亥子申)을 보면 귀(貴)를 한다.

• 4월생 신금(辛金): 임수(壬水) 갑목(甲木) 계수(癸水)를 쓴다. 임수(壬水)로
선도(先淘)를 하고 겸(兼)하여 조후(調厚)의 용(用)이 되니 다시 갑목(甲
木)이 있어 무토(戊土)를 제지(制之)하면 일청(一淸)이 철량(澈良)하다.

• 5월생 신금(辛金): 임수(壬水) 기토(己土) 계수(癸水)를 쓴다. 기토(己土)는
임수(壬水)가 없으면 습(濕)하지 못하고 기토(己土)가 없으면 생(生)하지
못하므로 임수(壬水) 기토(己土)를 수용(垂用)하여야 한다.

• 6월생 신금(辛金): 임수(壬水) 경금(庚金) 갑목(甲木)을 쓴다. 먼저 임수
(壬水)를 쓰고 경금(庚金)을 취(取)하여 도우며 무토(戊土)의 출간(出干)함

을 대기(大忌)하니 갑목(甲木)을 얻어 제지(制之)하면 길(吉)하게 된다.

• 7월생 신금(辛金): 임수(壬水) 갑목(甲木) 무토(戊土)를 쓴다. 임수(壬水)로 상(上)을 삼고 갑목(甲木)을 작용(酌用)하니 가히 계수(癸水)를 쓰는 것이 불가(不可)하다.

• 8월생 신금(辛金): 임수(壬水) 갑목(甲木)을 쓴다. 임수(壬水)로 주도(住淘)하고 무기토(戊己土)를 보면 갑목(甲木)으로 제토(制土)한다. 지지(地支)에 금국(金局)을 이루며 임수(壬水)가 없으면 정화(丁火)를 쓴다.

• 9월생 신금(辛金): 임수(壬水) 갑목(甲木)을 쓴다. 구월(九月) 신금(辛金)은 화토(火土)가 병(病)이 되니 수목(水木)이 약(藥)을 삼는다.

• 10월생 신금(辛金): 임수(壬水) 병화(丙火)를 쓰니 먼저 임수(壬水)를 쓰고 뒤에는 병화(丙火)를 쓴다. 그러면 금백(金白) 수청(水淸)하다.

• 11월생 신금(辛金): 병화(丙火) 무토(戊土) 임수(壬水) 갑목(甲木)을 쓰니 동월(冬月)에 신금(辛金)은 능히 병화(丙火)가 온난(溫暖)하게 함을 탈피(脫避)할 수가 없다.

• 12월생 신금(辛金): 병화(丙火) 임수(壬水) 무토(戊土) 기토(己土)를 쓰니 위와 같이 병화(丙火)를 먼저 쓰고 임수(壬水)를 뒤에 쓰면 무기토(戊己土)가 다음이 된다.

(9) 임수론(壬水論)

임수(壬水)는 대해수, 바닷물로 넓은 곳으로 흐르지만 소리 없이 낮은 곳으로 흐르기를 좋아하기 때문에 그 속을 알 수가 없다. 바다 속 수심을 알 수 없듯이 내성적이고 음흉하기도 하다.

• 연간(年干) 임수(壬水): 변동을 잘하고 권모술수(權模術水)에 능하며 임기응변 재주가 뛰어나다.

• 일간(日干) 임수(壬水): 판단력도 빠르고 엉큼하다. 수(水)가 없는 자는 피부가 거칠다.

• 정월생 임수: 경금(庚金) 병화(丙火) 무토(戊土)를 쓴다. 비겁(比劫)이 없을 때는 무토(戊土)를 쓰지 아니하고 오로지 경금(庚金)을 쓰며 병화(丙火)로 도운다. 비견(比肩)과 겁재(劫財)가 있으면 제극(制剋)하는 것이 좋으나 일(一) 무토(戊土)가 출간(出干)하면 일장당계라 하므로 군형(群邢)이 자복(自伏)하게 된다.

• 2월생 임수(壬水): 신금(辛金) 무토(戊土) 경금(庚金)을 쓴다. 삼춘(三春)은 임수(壬水)의 절지(絶支)로 되니 경신금(庚辛金)의 발수원(發水源)을 취(取)하고 수다(水多)하면 무토(戊土)를 쓴다.

• 3월생 임수(壬水): 갑목(甲木)와 경금(庚金)를 쓴다. 갑목(甲木)으로 소토(疏土)하고 다음으로 경금(庚金)을 취(取)하여 수원(水源)을 발(發)한다.

금다(金多)하면 병화(丙化)로 제극(制剋)하는 것이 묘(妙)하다.

• 4월생 임수(壬水): 임수(壬水) 경금(庚金) 신금(辛金) 계수(癸水)를 쓴다. 임수(壬水)가 극약(極弱)하니 경신금(庚辛金)를 취(取)하여 근원(根源)을 삼고 임계(壬癸) 비겁(比劫)으로 도운다.

• 5월생 임수(壬水): 계수(癸水) 경금(庚金) 신금(辛金)를 쓴다. 경금(庚金)을 취(取)하여 근원(根源)을 삼고 계수(癸水)를 취(取)하여 도우는데 만약 신금(辛金)이 없으면 신금(辛金)으로 도운다.

• 6월생 임수(壬水): 신금(辛金) 갑목(甲木)을 쓴다. 신금(辛金)으로 수원(水源)을 발(發)하고 갑목(甲木)으로 소통(疏通)한다.

• 7월생 임수(壬水): 무토(戊土) 정화(丁火)를 쓴다. 정화(丁火)를 취(取)하여 무토(戊土)를 돕고 경금(庚金)를 제극(制剋)하여 무토(戊土)가 진술(辰戌)에 통근(通根)하면 좋다.

• 8월생 임수(壬水): 갑목(甲木) 경금(庚金)을 쓴다. 갑목(甲木)이 없으면 금(金)으로 수원(水源)을 발(發)하니 득수(得水)가 경금(庚金)을 가지면 온전하다는 뜻이다.

• 9월생 임수(壬水): 갑목(甲木) 병화(丙火)를 쓴다. 갑목(甲木)으로 무중(戊中) 무토(戊土)를 제(制)하고 병화(丙火)로서 도운다.

• 10월생 임수(壬水): 무토(戊土) 경금(庚金) 병화(丙火)를 쓴다. 갑목(甲木)을 화(和)하여 무토(戊土)를 제(制)하면 경금(庚金)으로서 도운다.

• 11월생 임수(壬水): 무토(戊土) 병화(丙火)를 쓴다. 수왕(水旺)하면 무토(戊土)가 좋고 조후(調候)에는 병화(丙火)가 좋으니 병무(丙戊)를 겸용(兼用)하여야 한다.

• 12월생 임수(壬水): 병화(丙火) 정화(丁火) 갑목(甲木)을 쓴다. 상반월(上半月)에는 오로지 병화(丙火)를 쓰고 하반월(下半月)에는 갑목(甲木)으로 도운다.

★ 임수(壬水)는 대해수(大海水)로 바닷물을 뜻하고 물은 낮은 곳으로 흐르듯 속을 알 수 없는 경우가 많다. 내숭, 음흉 등의 성질이 있다.

(10) 계수론(癸水論)

계수(癸水)는 작은 물, 빗방울, 계곡물, 졸졸 흐르는 작은 물이지만 쓰임새가 많고 큰일을 낼 수도 있으며 정의에 앞서기도 하고 외유내강하다.

• 연간(年干) 계수(癸水): 주의를 평화롭게 해주나 안일하고 무해무덕(無害無德)하다.

•일간(日干) 계수(癸水): 흐름이 좋아 판단력은 빠르지만 속을 알 수가 없는 경우가 많다.

•정월생 계수(癸水): 신금(辛金)과 병화(丙火)를 쓴다. 신금(辛金)으로 계수(癸水)의 근원(根源)을 만들어준다. 만일 신금(辛金)이 없으면 경금(庚金)을 쓰지만 병화(丙火)가 적을 수 없다. 정월(正月)은 한기(寒氣)가 있으니 병화(丙火)로서 따뜻하게 하여 주어야 하기 때문이다.

•2월생 계수(癸水): 경신금(庚辛金)을 쓴다. 을목(乙木)이 가령(可令)하였으므로 을목(乙木)을 제(制)지하기 위하여 오로지 경금(庚金)을 쓰고 경금(庚金)이 없으면 신금(辛金)을 대용(代用)한다.

•3월생 계수(癸水): 병화(丙火) 신금(辛金) 갑목(甲木)을 쓴다. 상반월(上半月)에는 병화(丙火)만을 쓰고 하반월(下半月)에는 병화(丙火)를 쓰나 신금(辛金) 갑목(甲木)도 도움이 된다. 병화(丙火)는 재(財)로 쓰고 갑목(甲木)은 3월에는 토(土)가 중(重)하므로 토(土)를 제(制)압하는 데 필요하고 신금(辛金)은 수원(水源)을 발(發)하는 데 필요(必要)하다.

•4월생 계수(癸水): 신금(辛金)을 전용(傳用)한다. 신금(辛金)이 없으면 경금(庚金)을 쓴다. 4월에는 병화재(丙火財)가 왕(旺)하니 경신금(庚辛金)으로 도움을 주기 위하여 그러함이다.

•5월생 계수(癸水): 경금(庚金) 임수(壬水) 계수(癸水)를 쓴다. 경신금(庚辛

金)은 생신(生身)하여 주는 근본(根本)이 된다. 그 이유는 정화(丁火)가 사권(司權)하였기에 금(金)으로서 화(火)를 견디기 어려우니 비견(比肩)과 겁재(劫財)를 겸용(兼用)하여 경신금(庚辛金)으로 수원(水源)을 발(發)하기에 정용(井用)하게 된다.

• 6월생 계수(癸水): 경신금(庚辛金)과 임계수(壬癸水)를 쓴다. 상반월(上半月)에는 화기(火氣)가 재열(災熱)하기에 금(金)이 쇠약(衰弱)하므로 비겁(比劫)으로서 도와줌이 좋다. 하반월(下半月)에는 한습(寒濕)한 기운(氣運)이 돌기에 비견(比肩) 겁재(劫財)를 쓰지 아니하여도 무방하다.

• 7월생 계수(癸水): 정화(丁火)를 쓴다. 경금(庚金)이 월령(月令) 신금(辛金)에 록(祿)을 얻으니 반드시 정화(丁火)로서 경금(庚金)을 제거(制去)하여야 하기에 천간(天干) 정화(丁火)가 연지지(年地支)에 오술미(午戌未)에 통근(通根)됨을 좋아한다.

• 8월생 계수(癸水): 신금(辛金) 병화(丙火)를 쓴다. 신금(辛金)이 용신(用身)이 되니 병화(丙火)로 도와주면 수(水)와 금(金), 둘 다 따뜻하니 서로 간격을 두어 투출(透出)되는 것이 좋다. 그 이유는 병화(丙火) 신금(辛金)이 합(合)하면 도리어 수(水)로 변하기에 그 간격됨을 요(要)한다.

• 9월생 계수(癸水): 신금(辛金) 갑목(甲木) 임계수(壬癸水)를 쓴다. 9월에 무토(戊土)가 후중(厚重)하니 신금(辛金)을 쓰는 것이고 비겁(比劫)을 요(要)하는 것은 갑목(甲木)을 돕기 위한 것이다. 갑목(甲木)으로써 월령

(月令)을 제극(制剋)하면 계수(癸水) 일주(日柱)가 자연히 왕(旺)하게 되기에 그러한 것이다.

• 10월생 계수(癸水): 경금(庚金) 신금(辛金) 무토(戊土) 정화(丁火)를 쓴다. 10월 월령(月令)에 해중(亥中) 갑목(甲木)이 장생(長生)하기에 계수(癸水)가 설기(洩氣)되므로 경신금(庚辛金)으로써 수원(水源)을 만들고 다음으로 갑목(甲木)을 극제(剋制)하기에 필요한 것이다. 만일 10월 월령(月令)에 해왕(亥旺)하고 경신금(庚辛金)이 목(木)으로 도우면 목벽(木劈)이 강양(江洋)하기에 무토(戊土)로 제염(制厭)하여야 한다. 만일 또 금(金)이 많으면 정화(丁火)를 써서 금(金)을 제염(制厭)하는 것이 좋다.

• 11월생 계수(癸水): 병화(丙火) 신금(辛金)을 전용(傳用)한다. 병화(丙火)로서 해동(解冬)하고 신금(辛金)으로 목원(木源)을 도와준다.

• 12월생 계수(癸水): 병화(丙火) 정화(丁火)를 쓴다. 병화(丙火)가 통근(通根)되어야 하기에 지지(地支)에 사오미술(巳午未戌)이 있으면 더욱 좋고 천간(天干)에 정화(丁火)가 투출(透出)하면 이름을 설후등광(洩厚燈光)이라 하는데 야생(夜生)자라야만 귀(貴)를 하게 된다는 것이다. 그러나 지지(地支)에 화국(火局)을 이루면 경신금(庚申金)을 쓰는 것도 무방하다.

★ 계수(癸水)는 주위를 평화롭게 해주나 무해무덕(無害無德)하고 안일하다. 또한 판단력은 빠르지만 내성적인 면이 있다. 수(水)가 없는 자는 피부가 거칠고 기관지에 병에 있을 가능성이 있다.

인생길 길라잡이

이밖에 나열할 것이 많으나 그것은 역학을 직업으로 삼는 사람들이 사용하는 것으로 여기까지만 알아도 아쉬움은 면할 수 있다. 이외에 무궁무진한 내용이 포함되어 작용을 하고 있으니 그것은 『사주 명리학의 모든 것』을 참고·연구하면 된다.

부록

성명학(姓名學)[1]

성명학이란 후천 운으로 만들어지는 운이며 타고난 사주팔자는 선천 운이다. 선천 운은 고칠 수도, 바꿀 수도 없지만 이름 석(三) 자는 선천 운을 보호하는 것으로서 신중하게 다루어야 한다.

타고난 사주팔자는 다시 태어나기 전에는 바꿀 수도 없는 것이지만 이름 석 자는 얼마든지 바꾸어 사용할 수도 있으며 이름이 하는 역할도 알아야 하겠기에 성명학이라는 말이 있고 성명학 책도 시중에 많이 나와 있는 것을 볼 수 있다.

이름이란, 즉 나를 담고 있는 그릇이라 할 수 있고, 그 그릇이 어떠냐에 따라 내가 빛을 낼 수도, 좋은 인정을 받을 수도, 힘들게 살아갈 수도

---

1 이 부분은 성공도 선생의 『추명학과 성명학』(1979, 우진출판사)에서 발췌·인용한 것으로, 현재 시중에서는 구할 수 없는 책이다. 성명학에 대해 쉽고 확실하게 정리하고 있으며 저자 역시 이 책을 꾸준히 읽어 왔다.

있다는 것이다.

값이 비싼 도자기나 그에 버금가는 그릇에 보잘것없는 조약돌이 들어 있다고 가정하면 사람들은 우선 그 내용물보다 그 그릇을 보고 값을 정할 것이다. 그러다 보면 조약돌도 더불어 대단한 물건이라고 취급을 하겠지만 반대로 값진 다이아몬드나 상응하는 보석을 보잘것없는 질그릇에 담아놓고 그 가치를 따진다면 당연히 질그릇에 담긴 보석은 질그릇 값으로 떨어질 것이다. 이와 같이 이름이란 한 사람의 가치를 인정받게 할 수도 있고, 나락으로 떨어지게도 한다는 것이다.

그렇다고 무작정 좋은 이름만 선호해서도 안 된다. 정확하게 말하면 자신에게 맞는 그런 이름이라야 한다. 아무리 화려하고 좋은 옷이라도 그 몸에 맞지 않으면 남의 옷을 빌려 입은 것처럼 더 꼴불견이 될 것이다.

사주팔자는 몸이며 이름은 그 몸을 담고 있는 그릇이며 또한 나를 감싸고 있는 옷이라고도 할 수 있다. 어떤 옷을 입었느냐에 따라 그 사람에 인품과 기품이 달라 보이기에 '옷이 날개'라는 말이 있다. 크지도 작지도 않은 몸에 딱 맞는 옷이라야 맞춤옷이라고 할 수 있는 것이고 자신의 신체 사이즈를 알아야 옷을 지을 수 있듯이 사주팔자에서 필요한 것을 찾아내는 것이 우선이며 사주에서 부족한 점을 이름으로 보충할 수 있는 것이다. 그래서 여기에서 성명학의 기본을 간략하게 소개한다.

★ 성은 조상이며 이름 상자는 나 자신, 이름 하자는 손아래와 주변사람으로 아래위에서 가운데 나를 서로 상생하면 좋은 이름이라고 할 수 있다.

★ 성명학에는 음양오행과 수리 오행이라는 것이 있다.

　　음(陰)=2, 4, 6, 8, 0, -

　　양(陽)=1, 3, 5, 7, 9, +

★ 수리(數理) 오행(五行)

　　1, 2=木(목)

　　3, 4=火(화)

　　5, 6=土(토)

　　7, 8=金(금)

　　9, 0=水(수)

★ 음 오행(音五行)

　　가 카=木, 나 다 라 타=火, 아 하=土, 사 자 차=金, 마 바 파=水

　　즉, ㄱㅋ=木, ㄴㄷㄹㅌ=火, ㅇㅎ=土, ㅅㅈㅊ=金,

　　ㅁㅂㅍ=水

작명의 원칙

•사주에 적합한 글자, 즉 용신을 기준으로 하여야 한다.

•읽기 쉬워야 한다.

•부르기 쉬워야 한다.

•듣기 좋아야 한다.

•쓰기 쉬워야 한다.

- 외우기 쉬워야 한다.
- 친근감이 있어야 한다.
- 새로운 느낌이 들어야 한다.

📗 이 이름은 음 오행으로는 성(成)은 김(金), 삼(三)도 김(金), 문(間)은 수(水)에 해당된다.

음 오행으로 金金水이나 숫자에서 전부 홀수+양(陽)이라 글자가 좋은 뜻을 가지고 있어도 제 기능을 다 발휘하지 못하고 단명(短命)하기까지 한 이름이다.

					음 수리	貞格 = 21획	말년 운이자 일생 전체를 보는 곳
成	7획	陽	金	金		移格 = 18획	사회 운
三	3획	陽	金	水		形格 = 10획	가정 운
間	11획	陽	水	火		元格 = 14획	초년 운

11+3=14 원격, 3+7=10 형격, 11+7=18 이격, 11+3+7=21 정격, 음 오행=金金水, 수리오행=金水火.

음 오행은 불러서 나오는 소리이다. 성은 ㅅ이니 金이고, 삼도 ㅅ이니 金이고, 문은 ㅁ이니 水가 된다.

수리 오행은 성 7획이 金이고 7+3 합한 수가 10이니 水이고 3+11 합한 수가 14인데 10은 떼어내고 4만 사용 3, 4 火이니 4는 火로 남는다.

원, 형, 이, 정. 이 이름은 분명 획수가 모두 홀수이므로 양이며 기본이 갖춰지지 않았다. 이렇게 기본이 갖추어지지 않으면 안 된다는 것이며 수리 오행에서 우선 '홀수+양(陽)'으로만 이루어졌으니 글자의 뜻이 통할 수가 없는 것이다. 기본이 갖춰지지 않은 이름이라 사용에 불길하다.

외자 이름의 경우를 보면

　　　　　　　음　수리　貞格 ＝ 19획 말년 운과 일생 전체를 보는 곳

⚫ 李　7획　土　金　移格 ＝　7획 사회 운

　　　　　　　　　　形格 ＝ 19획 가정 운

　勝　12획　金　水　元格 ＝ 12획 초년 운

12획=원격, 12+7=19형격, 7획=이격, 19획=정격,

음 오행=土金 수리 오행은=金 水

음 오행=소리 나는 대로 李는 ㅇ에 해당되니 土, 勝은 ㅅ에 해당하니 金이다.

수리오행= 7획이 金이니 金. 7+12=19가 되니 10은 떼어내고 9만 사용하여 9.水에 해당한다.

위 이름은 외자로서 음양(陰陽)은 이루어졌으나 숫자가 19획으로 불길한 숫자라 하겠다. 원격 초년 운에 12수가 박약을 초래하는 불길한 수이니 어려서 병약하고 형격 19수가 병약 운으로 가정 운이 좋지 않아서 불운하고 건강도 허약하여 고난을 겪어야 하며 총수 또한 19 정격 병약 운으로 고생만 하다 단명할 이름이다.

이와 같이 이름으로 원형이정과 음 오행이 숫자오행이 맞는 것인지 숫자가 나쁜 것에 들지 않았는지 살펴봐야 한다.

원격=초년운, 형격=가정운, 이격=사회운, 정격=말년 운과 전체 운을

본다.

또한 사주에서 대운을 보듯이 이름에서도 대운을 본다.

이름의 총획수가 23이면 이 둘을 합한 수 5세를 대운 시작으로 보고 여기에서는 대운세수를 9로 하여 9년 주기로 변하는 것으로 본다.

5+9=14+9=23+9=32+9=41+9=50+9=59가 되며 이름 가운데 글자가 홀수이면(14살부터 9년, 32살부터9년, 50살부터 9년) 숫자가 짝수이니 좋은 운이라 한다. 가운데 숫자가 짝수이면 홀수가 닫는 숫자, 가운데 글자획수가 홀수이면 짝수가 닫는 숫자(5, 23, 41, 59)가 좋은 대운이라 하겠다. 그리고 음양이 갖춰지지 않은 것은 아래와 같이 표시한다.

이렇게 이름에도 당사자에게 주어지는 운이 있는데 좋은 대운이 세 번 이상 들어온다. 옛말에 사람에게 일생에 세 번의 기회가 있다고들 하는데 이것을 비교해 봐도 알 수 있다. 또한 한글 이름도 마찬가지로 획수를 보고 음 오행은 한자나 한글이나 같은 소리가 나기 때문에 음 오행은 한글로 따진다.

1.

●	●	●
○	○	○

전부가 음이거나 양이 된 것은 안 된다. (×)

2.

●	○	●
○	●	●

음이 둘이고 양이 하나가 되어도 된다. (O)

3.

○	○	●
●	○	○

양이 둘이고 음이 하나여도 된다. (O)

위의 1과 같이 음양이 불교하면 부부 생사이별, 무자, 불구, 고질, 자살 (自殺), 피살(被殺), 단명, 살상 등 암시가 있기에 꼭 피해야 한다.

★ 파자라는 것이 있는데 이것은 글자 가운데가 갈라진 것을 말한다. 성과 이름자가 전부 갈라진 것을 파(破)자라고 한다. 깨트릴 파(破), '깨다'는 뜻이 되니 이는 사람에 몸을 반을 갈라놓은 격이라 하여 안 된다고 한다.

예 林炳錫 = 殺人犯(살인범) (동아일보)

　　林福順 = 間諜(간첩) (동아일보)

　　鄭扮禮 = 被殺(피살) (조선일보)

　　鄭淑嬉 = 慘事(참사) (조선일보)

　　薛鎭根 = 失踪(실종) (동아일보)

　　朴明順 = 自殺(자살) (중앙일보)

　　郭泳洙 = 短命(단명) (경향신문)

이와 같이 이름자 가운데가 다 갈라진 것을 파자라고 한다.

1) 숫자의 영령(靈力)과 암시(暗示)

1 ○기본	2 ×분리	3 ○성형	4 ×불행	5 ○정성	6 ○계성	7 ○독립
8 ○개물	9 ×궁백	10 ×공허	11 ○신빙	12 ×박약	13 ○지모	14 ×이산
15 ○풍성	16 ○덕망	17 ○건창	18 ○발전	19 ×고난	20 ×허망	21 두령◎
22 ×중절	23 ◎공명	24 ○입신	25 ○안전	26×시비격	27 ×중단	28 ×파란
29 ×성공	30 ×부몽	31 ○융창	32 ○요행	33승천 ◎	34 ×파명	35 ×평범
36 ×골육	37 ×인덕	38 ○복록	39 ○안락	40 ×무상	41 대공◎	42 ×고행
43 ×미옹	44 ×옴파	45 ○대지	46 ×불지	47 ○출세	48 ○유덕	49 ×은퇴

1. **삼양회춘지상**(三陽回春之象)=**기본격**(基本格)

   천장지구라 할 수 있는 길수이자 만상의 기본이 되므로 일생이 평안하고 행복하며 부귀 장수할 수이다.

2. **파패분영지상**(破敗分裂之象)=**분리격**(分離格)

   신체의 자유를 상실하고 불구자가 되지 않으면 재물 운이 박하고 불행하게 될 것이다. 가정 운이 불행하고 처자를 생사이별하며 타향 생활을 면하기 어렵고 음극 수이기 때문에 탐욕, 완고, 독선에 흘러 몰인정한 인간이란 평을 듣기 쉽다. 분리, 동요, 불안의 뜻을 지니고 있기 때문에 좋은 환경의 혜택을 받기 어려운 수이다.

3. **시생만물지상**(始生萬物之象)=**성형격**(成形格)

천지자연의 행복을 형수하며 성공, 입신양명하여 만인이 앙시하는 지도적 인물이 될 수 있는 대길수이다.

4. 매사불성지상(每事不成之象)=부정격(不定格)

성질이 온유하여 과단이 부족하고 혼미하여 종횡무진 하겠으며 근근 노력하여 성공하나 오래가지 못하고 실패, 불구자 또는 정력이 약하고 가재 탕패하고 우중행인이 될 불길한 수이다.

5. 고목봉춘지상(枯木逢春之象)=정성격(定成格)

초목의 종자가 춘양을 봉함과 같이 자연 행복을 형수하여 부귀번영, 양명부귀하는 대길수이다.

6. 만사순성지상(萬事順成之象)=계성격(繼成格)

외유내강하여 매사 성취하니 자기 영달이라 하고 천덕(天德)을 형수하고 만복이 가정에 드는 대길수이다.

7. 용성두각지상(龍成頭角之象)=독립격(獨立格)

대장부의 지조가 철석과 같아 일도에 모든 일이 순성되고 그 세력이 맹호같이 자수성가하여 가문을 일으키며 성공하는 대길수이다. 자손의 영화가 있고 공명이 진진하게 된다.

8. 개발건강지상(開發健康之象)=개물격(開物格)

사교술은 뛰어나고 다소 외고집인 면이 있으나 의가 굳세어 곤란을 이겨내고 목적 달성하며 부귀장수하고 자손에 영화가 있는 대길수이다.

9. 속성속패지상(速成速敗之象)=궁박격(窮迫格)

일시적으로 성공하고 일시적으로 패망하여 부부 생사이별과 병약, 비참, 단명, 인덕도 없고 희망도 없는 최흉수이다.

10. 허망단명지상(虛妄短命之象)=공허격(空虛格)

새로운 계획은 잘 수립하나 끝맺음이 약하고 결단력이 보족하여 항상 좋으니 기회를 잃고 평생 돈복이 없으며 형액(刑厄) 불구, 부부 생사이별, 살상, 질병, 육친부덕, 단명하기까지 하는 불길한 수이다.

11. 신왕재왕지상(身旺財旺之象)=신성격(新成格)

자성이 온순하며 순조롭게 발전하여 차츰 부귀와 영달로 사회적으로 상당한 지위를 독점하고 타인의 신망을 얻는 대길수이다.

12. 연약고독지상(軟弱孤獨之象)=박약격(薄弱格)

비록 재지와 기량이 있으나 선계가 불능이고 박약하고 무력한 운이니 대성은 난망이라 만약에 조업이 있으면 일시는 태평하나 연이나 심신이 허약하고 부부 생사이별, 병약, 형액한 흉수이며 특히 여성은 남편 덕이 없으며 하천하게 살아가는 흉수이다.

13. 입신양명지상(立身揚名之襖)=지모격(智謀格)

풍부한 상식과 종횡무진한 재치로 어떠한 곤란도 곧잘 이겨내고 나아가 성공의 길을 걷는다. 또 예능의 소질도 풍부하여 윗사람들의 사랑을 받으며 적수공권으로 증성대업의 길을 가며 지도적 선견지명이 있어 삼군의 참모도 당할 수 없는 교묘한 재모를 갖춘 대길 수이다. 특히 여성은 남편 덕이 있다.

14. 파괴이산지상(破壞離散之象)=이산격(離散格)

천성이 온유한 자성과 깊은 지혜는 장성취하고 상당한 지위에 계획은 잘 수립하지만 일시적 성공에 불과하며 가정파탄과 부부 생사이별, 고독, 번민, 병약, 고질, 불구, 자살, 단명 등의 암시가 있는 대흉수이다. 특히 여성은 남편의 덕이 없고 고독하게 살아가는 대흉수이다.

15. 통솔수복지상(統率壽福之象)=통솔격(統率格)

고귀한 자성과 지혜와 덕망을 겸비한 자립대성하고 상하의 후원으로 만사가 순조롭게 진행될 것이고 입신양명하는 대길수이다.

16. 덕망현달지상(德望顯達之象)=덕망격(德望格)

현량한 성품은 상하의 신망을 득하고 입신하면 재지가 심원하니 부귀공명하는 대길수이다. 특히 여성은 현숙하고 가정에 충실하며 남편을 내조하며 오복을 초래하는 대길수이다.

17. 만사창달지상(萬事暢達之象)=건창격(健暢格)

성품이 강직하고 자립 독립하여 사업을 크게 완수하며 권위가 있고 사상과 신념이 확고부동하므로 자기의 지만을 관철하여 목적달성하는 대길수이다.

18. 발전진취지상(發展進就之象)=발전격(發展格)

유능 유재한 장부라 사회적으로 비상한 발전을 하며 목적을 완수하여 공명창달하고 부귀와 고귀한 지위에 오를 대길수이다.

19. 고난병악지상(苦難病惡之象)=고난격(苦難格)

만 가지 일을 노력하여도 소원대로 이루어지지 않고 그 결과가 실패로 돌아가며 육친무덕(六親無德), 부부 생사이별, 불구, 병고, 형액, 객사(客死), 조난(遭難), 무자녀 등의 암시가 있는 흉수이다.

20. 만사허망지상(萬事虛望之象)=허망격(虛望格)

지혜는 있으나 심신이 허약하고 육친무덕하며 중병, 일생 곤고, 객사, 형액, 교통사고, 자녀상실, 남편축첩, 단명, 조난 등 대흉수이다.

21. 만인두령지상(萬人頭領之象)=두령격(頭領格)

지혜와 슬기로운 꾀가 남보다 뛰어나고 독립심이 강하며 권위와 위풍이 있고 매일같이 발전하여 자립 대성할 수 있다. 부귀영달하고 강건한 심신과 덕망으로 지도적인 인물로 우두머리가 되는 일대영상의 대길수이다. 단 여성은 독신 생활을 하여야 부귀할 수 있으며 가정생활을 하면 남편을 극하고 과부 운을 면치 못할 대흉수이나 이격에 있으면 무방하다.

22. 만사중도지상(萬事中途之象)=중절격(中折格)

활동력은 왕성하나 모든 계획을 잘 세워 초년에는 상당한 지위와 복록이 있을지라도 이수는 가을철에 서리가 내리는 격으로 무기력하여 일을 성취시키기 어렵고 매사가 중도에 좌절되며 실패와 정신착란을 일으키거나 가정은 파란이 많고 병고, 불구, 살상, 형액, 부부 생사이별, 단명 등 대흉수이다.

23. 공명행복지상(功名幸福之象)=공명격(功名格)

자성이 영특하고 지적과 문무를 겸비하며 천성적이 영도의 기질을 구유하여 대지 대업을 완수하고 부귀공명(富貴功名)하는 대길수이다. 단 여성은 남편을 극하는 수로서 독신 출세하는 수이나 이격에 있으면 무방하다.

24. 입신축재지상(立身蓄財之象)=입신격(立身格)

재주가 뛰어나고 금전 운, 물질 운이 좋으면 맨주먹으로 재산을 모아 말년에는 크게 번영하며 부귀 행복할 대길수이다. 특히 여성은 부부가 다정하고 자손이 번창하는 대길수이다.

25. 안전건창지상(安全健暢之象)=안전격(安全格)

성품이 은중하고 지모가 심원하니 매사에 성취와 자수성가 식록이 크다. 권위와 위풍이 있고 재물의 혜택이 크고 항상 발전이 지대하니 안락태평하는 대길수이다. 특히 여성은 부부 다정하고 인덕이 있으며 자손 복이 많다.

26. 영웅시비지상(英雄是非之象)=영웅시비격(英雄 是非格)

대발명가, 대철학가, 대문호가, 기사, 괴걸의 명칭이 붙는 운수인 바 대체로 재력과 재능을 과신하지만 자기도취에 빠지며 말년이 행복하지 못하다. 부부 운, 자식 운도 좋지 못하여 한때의 성공을 회상하면서 말년을 쓸쓸하게 보낸다. 또 도벽과 황음에 빠질 우려도 있다. 특히 여성은 과부 고독한 흉수이고 남녀를 막론하고 부부 생사이별, 형액, 피살 등 가정 운도 불길하여 자연사를 못하는 대흉수이다.

27. 매사중단지상(每事中斷之象)=중단격(中斷格)

영명투철하고 재지와 용모가 비상하여 계획은 잘 수립하지만 장애물이 출현하여 중도 혹은 성공 시에 좌절되며 도로무공이면 실패와 곤고, 고독, 조난, 형액, 불구, 단명, 부부 생사이별 등의 대흉수이다. 특히 여성은 팔자가 세어서 남편한테 잘해주고도 배신을 당하여 구설과 눈물로 세월을 보내는 흉수이다.

28. 대해편주지상(大海片舟之象)=파란격(波瀾格)

일신이 영귀한즉 가정에 풍파가 생기고 가정이 무고하면 일신에 재화가 속출하니 행운 불봉(不逢)이라 부부 생사이별, 불구, 조난,

형액 등의 재난으로 중년을 넘기지 못하는 대흉수이다.

29. 성공수복지상(成功壽福之象)＝성공격(成功格)

자성이 현출하고 영지가 고상하여 입지출세하고 항상 발전조달 관문에 지하고 요대금방(腰帶金榜)하니 도처유권이라 부귀 장수하는 대길수이다. 특히 여성은 남편을 잘 보필하여 행운 가정하는 수이다.

30. 부몽침몰지상(浮夢沈沒之象)＝부몽격(浮夢格)

모든 계획은 잘 수립하지만 수포로 돌아가며 타향살이를 하며 도로무공이고 용두사미격이다. 일확천금을 꿈꾸고 투기에 몰두하여 성공은 일시적이고 실패만 중중하니 허무한 탄식만 하게 된다. 만일 이와 같은 일만 없으면 소유 평안이나 불연이면 조난, 인덕전무, 객사, 형액 피살 등 대흉수이다. 특히 여성은 공망수로서 부부 생사이별하며 과부가 되며 재복과 자손 복이 없으며 항시 외롭게 살아가는 대흉수이다.

31. 융창행복지상(隆昌幸福之象)＝융창격(隆昌格)

자성이 원만하고 재지가 영수하면 적수공권으로 큰일을 진흥시키고 부귀공명하며, 특히 자손 창성하는 대길수이다. 여성은 부부가 다정하고 재덕을 겸비한 대길수이다.

32. 외형복지상(外亨福之象)=요행격(僥幸格)

의외의 곳에서 재물이 생기고 명예와 지위를 얻으며 기초를 무난히 세우고 만사가 형통하여 수복강녕하는 대길수이다. 특히 여성은 부부 정이 좋으며 만사형통하여 항시 웃음이 떠나지 않는 길수이다.

33. 등용왕성지상(登龍旺盛之象)=승천격(昇天格)

위인이 현출하고 재지가 영수하여 권위지모와 과단성이 풍부하므로 욱일승천지상으로 부귀공명하며 만사형통하는 대길수이다. 특히 여성은 부운을 충극하는 수로서 삼부갱송, 삼부사별하는 대흉수이며 평생 독립생활을 하며 고등 교육을 받은 여성이라면 자립 대성할 수 있지만 남편의 덕이 없으며 평생 외롭게 살아야 하는 대흉수이다.

34. 평지풍파지상(平地風波之象)=파멸격(破滅格)

파괴와 파멸을 유도하는 수로서 불의의 재난이 속출하여 만사가 저해되고 불측의 화난을 초래하며 식록은 있으나 안중에 병액이 많고 부부 생사이별, 실자의 비애, 비참, 살상, 광증, 패가망신 등의 대흉수이다.

35. 평화안강지상(平和安康之象)=평범격(平凡格)

유화한 성격으로 충직하여 유위한 현직과 사업에 변함없이 종사하며 일생을 행복하게 지내고 부귀장수하며 상하의 신망을 얻어 대성공하는 대길수이다. 특히 여성은 집안일을 잘 보필하여 내조의 공을 세우며 자손이 번창하는 대길수이다.

36. 골육상쟁지상(骨肉相爭之象)=영걸시비격(英傑是非格)

영운 운으로서 인생의 부침이 많으며 남을 위한 정의가 두터워 때로는 일세의 풍운아로서 군림하는 수도 있으나 움직이면 움직일수록 파란의 곡절이 많으며 조난, 단명, 피살, 객사 등의 암시가 있는 대흉수이다. 특히 여성은 과부 운을 면치 못하는 흉수이다.

37. 유의유덕지상(有義有德之象)=인덕격(仁德格)

지모와 재략이 출중하며 천지의 행복을 형수하여서 여러 사람들로부터 신의와 신망을 받게 되며 덕망을 득하여 명예와 지위가 사해에 진동하게 할 대길수이다. 특히 여성은 평생 동안 쌓은 공덕이 후세에까지 전파되어 명진사해(名振四海)하게 된다.

38. 고목생화지상(枯木生花之象)=복록격(福祿格)

영명한 재지와 현철한 성품은 문학적인 소질과 기술방면에 유력한 발달이 있고 선진적인 인물로 입신양명하여 대지대업을 순성하며 성품이 쾌활하며 고귀한 발전을 하는 대길수이다.

39. 안락태평지상(安樂泰平之象)=안락격(安樂格)

천품이 고결하여 인격적 존엄을 받게 되며 관직의 운수가 호길하며 덕망이 높고 자손에 유산도 많아 안락한 생활을 할 수 있고 천지인삼재의 배합이 길함이 없어 자중자애함이 좋은 대길수이다.

40. 도로무공지상(徒勞無功之象)=무상격(無常格)

임시응변되는 재지가 도로무공되어 무의무존하게 되며 경영하는 길마다 거개가 도로무공이며 주위의 모든 친지가 무덕하여 조업을 오래 지키지 못하고 평생을 여한에 승천하게 될 것이다. 특히 투기심이 많아 일조일석에 문전걸식을 면하기 어려운 비참한 운명에 처하게 되는 흉수이다.

41. 대공성취지상(大功成就之象)=대공격(大功格)

위인이 준수하고 영명투철하여 홍진에 초출되어 대귀대부를 득달하여 유명천추하며, 특히 선각지명은 만민의 사표이자 지도자가 될 수 있으며 상하의 신망이 두텁고 처리하는 일마다 순성되어 공명이 사해에 진진하게 되는 대길수이다.

42. 진퇴고고지상(進退苦孤之象)=고행격(苦行格)

성품이 완강하여 신정운기가 저해되고 편견, 암, 미로, 자취, 고난과 형로에 분파되어 가족 상별의 변동이 있으며 질병, 불구, 형액, 객사, 조난 등의 암시가 있는 대흉수이다. 특히 내향성에 있어 과감한 실천력이 약하고 좋은 기회를 잃게 되는 경우가 많으며 성공하기까지 온갖 신고와 고통이 있게 되며 성공을 이루었다 하여도 지속하기 어려우며 거개가 불성한 대흉수이다.

43. 육친무덕지상(六親無德之象)=미혹격(迷惑格)

선천적인 박약과 방만을 암시하고 아무리 재능과 기예가 뛰어나다 해도 곤고가 많으며 표면적인 외양으로 볼 때 행복하게 보이나 내용은 허실하여 파란 속에서 신고가 많으며 실패한 후에 정신착란 등의 불규칙한 재앙이 따르는 대흉수이다. 특히 여성은 정조 관념이 없으며 재운도 불길하며 자손에 근심이 떠나지 않는 대흉수이다.

44. 평지풍파지상(平地風波之象)=마장격(魔障格)

지능이 예민하여 수재와 발명가가 나올 수이나 한번 방향을 잘못 잡으면 사기 또는 횡령으로 신세를 망치게 되며 가족과 이별, 병고, 조난, 불구, 발광(發狂), 단명, 실명 등의 암시가 있는 흉수이다.

45. 대지대귀지상(大智大貴之象)=대지격(大智格)

두뇌가 명석하고 지모가 뛰어나며 순풍에 돛을 달고 잔잔한 물결을 저어가는 것과 같이 대지대업을 성취하여 만인의 사표가 되고 부귀공명하는 대길수이다. 남녀를 막론하고 후손에까지 공명이 중중하게 명진사해하는 대길수이다.

46. 암행심야지상(暗行深夜之象)=부지격(不知格)

선천적 대지와 유재유능(有財有能)하고 지모(志謀)가 중출하나 의지가 박약하고 재왕(財旺)과 패가 운이 따르니 옛 고향을 떠나 타향에서 전전하다 객사의 비참한 불행을 초래하는 수이다. 그렇지 않으면 형액, 부부 생사이별, 질병, 정력 감퇴, 신경쇠약 등의 암시가 있는 흉수이다.

47. 천지합덕지상(天地合德之象)=출세격(出世格)

성격은 원만하고 의지가 발달하여 나갈 때 나갈 줄 알고 물러갈 때 물러갈 줄 아는 도량이 넓으며 모든 일이 순조로워 영화를 누릴 뿐 아니라 자손에게도 좋은 경사가 있는 대길수이다. 특히 남녀를 막론하고 재운이 좋으며 만사가 형통하고 부귀영달하는 대길수이다.

48. 식록유덕지상(食祿有德之象)=유덕격(有德格)

지모(智謀)가 깊고 재지(才智)가 있으며 성실과 덕망(德望)이 넓어서 명리영달(名利榮達)을 누리고 안락장수하는 대길수이다. 특히 자기 스스로 사업을 일으키기보다는 남을 선도하는 입장에서 고문이나 상담의 역할을 하면 복덕을 잃지 않는 좋은 대길수이다.

49. 은퇴영존지상(隱退永存之象)=은퇴격(隱退格)

비상한 재지와 수완이 있으며 길할 때는 길하고 흉할 때는 대흉한 상으로 반평생의 신고와 반평생의 안락이 있으나 길흉 변화가 무상하다고 하겠다. 특히 공명(功名)이 있을 때는 큰 발전을 하여 만인의 앙시를 득하고 상하의 덕이 있겠으나 길지 못하여 흉수가 돌아와 모든 일을 파패(波敗)하는 대흉수이다.

2) 오행 해설(五行解說)

• 金金金: 고독재난격(孤獨災難格)

뜻하니 않는 사고로 목숨을 잃게 되며 만사가 뜻대로 되지 않으며 부부 간에 생사이별하고 재산탕진, 육친무덕, 조난, 발광, 단명, 형액, 자살, 피살, 객사 등 암시가 있으며, 호흡기계통 폐병, 수족에 주의하여야 한다.

• 金金木: 평생병고격(平生病苦格)

집안에 불화와 논쟁이 생기며 겉과 속이 다르고 매사가 불성실하여 부부 생사이별하고 조난, 발광, 형액, 피살, 객사 등의 암시가 있는 흉 배치이며 타향에서 떠돌아다니다가 신고 끝에 세상을 하직하게 된다. 신격쇠약, 폐병, 풍, 간담 등 질환에 주의하여야 한다.

• 金金水: 발전향상격(發展向上格)

성품은 강직하며 두뇌가 영민하여 문무(文武)를 겸한 덕인이 될 것이며 부모와 형제의 덕이 있으며 부부간에 화목하고 자손이 번창하여 한평생을 부귀공명할 것이다.

• 金金火: 패가망신격(敗家亡身格)

모든 일이 속성속패(速成速敗)가 많으며 부모의 재산을 탕진하고 부부 생사이별을 면하지 못하고 심히 허약하여진다. 그리고 형액, 단명, 발광, 자살, 화상 등의 암시가 있는 흉 배치이며, 뇌일혈, 호흡기 질환, 폐병, 심장병 등에 주의하여야 한다.

• 金金土: 대지대업격(大志大業格)

성공이 순조롭고 모든 일이 잘 풀려 나간다. 권위현달(權威顯達)하며 외교의 능력이 있어 두령(頭領)이 될 수 있는 사람이다. 부모 형제간에 화목하며 상통하달(上通下達)하고 부귀공명하여 평생 동안 태평하리라.

• 金木金: 유전실패격(流轉失敗格)

만사가 불길하며 의심이 많고 부부간에 불화, 재혼하여 실패, 부모 형제가 동서남북으로 분산되어 홀로 절간에 들어가 염불로 세월을 보낸다. 타향에서 조난과 피살을 당할 수 있다. 신경계통, 위장병, 중풍, 폐병 등을 조심하여야 한다.

• 金木木: 추풍낙엽격(秋風落葉格)

모든 일이 고통스럽고 형제가 무덕하고 부부가 불화 하며 불구의 자식을 갖게 되며 노력과 정성으로 천신만고(千辛萬苦)로 일을 달성한다 해도 속패(速敗)한다. 타향에서 조난과 객사를 당할 수 있다. 신경계통, 간병, 근시안, 호흡기 질환에 조심하여야 한다.

• 金木水: 고통난면격(苦痛難免格)

모든 일이 뜻대로 되지 않으며 성공은 일시적이다. 파란, 부부 생사 이별하며 타향에서 천신만고하고 육친의 덕도 없고 고통과 번민으로 실패하거나 혹은 단명, 병약에 실의수객(失意水客)이 된다. 신경계통, 간담, 호흡기계통을 조심해야 한다.

• 金木火: 한산공가격(寒山公家格)

일찍이 조실부모(早失父母)하고 타향을 전전, 고생하다가 귀인을 만나 한때에는 발전이 있겠으나 불의의 재난으로 파산을 면하기 어렵고 부부 불길하며 삼혼 이상 하게 되는 운이다. 자식들은 불효하여 한 평생 동안 수심이 떠나지 않으며 발광자(發狂者)도 생길 염려가 있다. 언제나 재산이 쌓이지 않고 모든 일이 속성속패하여 실속이 없게 되면 단명하게 된다. 폐병, 뇌병, 신경쇠약, 호흡기계통을 조심하여야 한다.

• 金木土: 심신과로격(心身過勞格)

초년에는 부모의 유덕(遺德)으로 평탄하게 지낼 것이나 가산이 탕진되어 일생을 풍파로 보내고 추풍낙엽(秋風落葉)이라 심신이 모두 허약하며 고통을 면하기 어렵고 단명하게 된다. 신경쇠약, 호흡기병, 위장병 등을 조심하여야 한다.

• 金水金: 부귀공명격(富貴功名格)

성공이 순조롭고 모든 일이 형통하게 되며 부모와 형제가 화합하고 자손은 공명(功名)이 높으며 모든 일에 적소성대(積小成大)하며 일신 무병하고 장수하게 된다.

• 金水木: 발전성공격(發展成功格)

선조(先祖)의 덕을 얻어 발전을 하게 되며 부모 형제가 화합하고 집안에 경사(慶事)가 끊이지 않고 명성(名聲)이 사해(四海)에 널리 펴지며

모든 일이 평탄한 성공을 얻게 되며 가산이 늘어나는 발전이 있게
된다.

• **金水水: 발전평안격**(發展平安格)
모든 사람들의 신망(信望)을 받게 되어 순조로운 발전을 하게 되며 성
품이 착실하여 부모 형제가 상생(相生)과 상합하여 유덕(有德)을 이루
어 부부 화합하고 자손에 영화가 있으며 큰 뜻을 이루어 명진사해
할 것이요, 일생을 건강하게 안과(安過)할 것이다.

• **金水火: 선무공덕격**(善無功德格)
모든 일이 상극상쟁(相剋相爭)하는 격으로 아무리 애써 노력하여도 노
력한 보람이 없이 오히려 원망을 듣게 되는 일이 많으며 부부가 불화
하여 수심(愁心)으로 세월을 보내게 되며 급변재화(急變災禍)로 재산을
파산하고 일생 동안 불성이 자자하여 고통이 많게 된다. 호흡기계통,
폐병, 심장병 등에 주의하여야 한다.

• **金水土: 불의재난격**(不意災難格)
한때 발전과 성공이 있으나 불의의 재화(災禍)로 비참한 신세가 되기
쉬우며 부모의 조업(祖業)을 탕진하고 타향에 전전하다가 말년에야
자식의 덕으로 안정하게 된다. 또 부단의 노력으로 한때의 성공을
하게 되나 오래 지속하기 어렵게 될 것이다. 당뇨병, 신장병, 방광염
등에 주의하여야 한다.

- **金火金: 조기만패격**(早起晚敗格)

금화가 서로 무정(無情)하니 심신이 과로(過勞)하여 병난(病難)과 처자를 극하는 불행한 격이라 하겠다. 부부 생사이별, 발광, 조난, 변사, 자살, 단명 등의 암시가 있고, 신경쇠약, 심장병, 폐병, 노병, 치질 등에 주의하여야 한다.

- **金火木: 욕구불만격**(欲求不滿格)

불평과 불안으로 늘 욕망을 만족시키지 못하고 신경을 과민하게 쓰므로 뇌와 폐가 상하게 되고 심하면 변사나 자살까지 할 수 있게 된다. 부모의 덕은 좋으나 형제는 고독하여 독좌염불하는 격이다. 정신과로, 신경쇠약, 뇌병, 폐병, 심장병, 중풍, 치질 등에 주의하여야 한다.

- **金火水: 무주공산격**(無主空山格)

모든 일이 뜻대로 되지 않으며 뜻밖에 불상사를 초래하게 될 것이다. 부모와 형제 운이 불길하여 객지산재(客地散財)하고 불구의 자손으로 수심세월(愁心歲月)하고 육친이 무덕(無德)하여 불구, 단명하고 발광증, 조난의 불행이 닥치게 된다. 신경쇠약, 폐병, 뇌일혈. 발광증, 심장마비 등을 주의하여야 한다.

- **金火火: 병고신음격**(病苦呻吟格)

조실부모(早失父母)하고 일생 동안 탄식과 허망 속에서 살아가며 병난으로 신음하며 부부 궁이 불길하고 형제와 자손에 수심이 많다. 재혼을 하지만 불화하여 자살을 면하기 어렵고 일생 동안 고통으로 고독하게 객사를 할 수 있고, 병은 신경쇠약, 폐병, 뇌병 등에 주의하여야 한다.

• 金火土: 입신양명격(立身揚名格)

모든 일이 평길하나 일시적인 부주의로 인하여 재화와 질환으로 고통을 받게 된다. 부모와 형제가 화목하며 부부 화합하고 재운도 좋아 부귀공명하게 될 것이다.

• 金土金: 의외득재격(意外得財格)

뜻밖에 재물이 생기며 장수안태(長壽安泰)할 것이다. 부모와 형제가 유덕(有德)하여 다정(多情)하고 자손에 있어서도 귀자를 갖게 되며 집안에 태평가(太平歌)가 그침이 없고 명진 사해하여 재관이 상비하고 모든 일이 백화결실(百花結實)하리라 하겠다.

• 金土木: 평지풍파격(平地風破格)

가정이 편안함이 없이 불안 속에서 수심(愁心)이 떠나지 않게 되며 부모와 형제가 부덕하고 부부가 불화하고 불구의 몸으로 고생을 면할 길이 없게 되며 노력은 하여도 도로무공(徒勞無功)이요, 평생을 신고하던 끝에 객사(客死)를 하게 된다. 위장병, 비장 등을 조심하고 외부의 질환에 주의하여야 한다.

• 金土水: 재변재난격(災變災難格)

재난(災難)과 병난(病難)으로 고생과 무한한 고통을 당하게 되며 조난이나 급사의 위험을 당하게 된다. 부모의 여덕(餘德)은 있으나 오래가지 못하고 부부 운이 불길하고 자손은 무자(無子)격으로 독수공방(獨守空房) 독좌염불(獨坐念佛)하는 것과 같이 의지할 곳이 없게 된다. 폐병, 치질, 신장, 방광, 외부적인 질환 등에 주의하여야 한다.

• 金土水: 고목봉춘격(枯木逢春格)

성공하고 명진사해할 것이며 천성이 후덕(厚德)하여 신망이 두텁고 부모와 형제가 화목하고 일가 화평이라 만인 지휘하여 대성대업(大成大業)할 것이요 불굴의 의지로 대지대모(大志大謀)하여 영화를 누리게 될 것이다.

• 金土土: 입신출세격(立身出世格)

사방에 이름을 크게 떨치며 모든 사람들이 우러러 보게 되며 부모와 형제가 융합(融合)하고 자손이 출세(出世)하고 부귀와 영화를 누리게 된다. 모든 일이 순풍에 돛 단 듯, 작은 일을 하여도 큰일이 이루어지며 위험한 일을 꾀하나 안전하게 될 것이다.

• 木金金: 불화쟁론격(不和爭論格) ★

성공하기가 어렵고 천성(天性)은 완강하여 시비를 잘하며 늦게 결혼함이 좋으나 자손으로 인한 고통으로 언제나 수심(愁心)이 떠나지 않고 불의의 교통사고를 조심하여야 하며 구설로 고통을 받게 된다. 뇌병, 풍병, 신경계 질환, 축농증, 근시안 등에 주의하여야 한다.

•木金木: 골육상쟁격(骨肉相爭格)

일찍이 조실부모(早失父母)하여 만리타향(萬里他鄕)에서 온갖 고생을 겪다가 신체의 일부분이 뜻밖의 불구가 되며 초혼(初婚)은 실패하고 자손에 대한 덕이 없다. 새로운 것을 꾀하다가 거듭거듭 실패하여 필경에는 의지할 곳도 없게 된다. 폐병, 위장병, 중풍, 축농증, 근시안 등에 주의하여야 한다.

•木金水: 만사불성격(萬事不成格)

성공 운이 약하고 항상 불안한 생활이며 부모의 운으로 초년에는 별로 고생이 없는 생활이나 차츰 재산이 이지러지고 종말에는 의탁할 곳이 없어 무남독녀(無男獨女)에 찾아가게 되며 평생에 수심이 떠나지 않게 된다. 뇌일혈, 중풍 등에 주의하여야 한다.

•木金火: 독좌탄식격(獨坐嘆息格)

성공 운이 부족하여 가정불화가 그치지 않고 조난(遭難)과 자살(自殺)의 신수라 하겠으며 부모와 형제의 무덕으로 독좌염불하는 격으로 고독과 수심으로 평생을 보내게 되며 중년에 신병(身病)으로 단명하게 된다. 신경계통, 호흡기계통, 축농증, 근시안 등에 주의하여야 한다.

•木金土: 초실후득격(初失後得格)

노력이 부족하여 성공 운이 약하며 부모 운이 없고 형제가 불합하여 사면분산(四面分散)한다. 부부가 불효하여 불효자식(不孝子息) 유(有)

하고 신고 끝에 발전을 하게 된다. 중풍, 신경계 질환, 발광병 등에 주의하여야 한다.

• **木木金: 고난신고격**(苦難辛苦格)
성공 운은 있으나 박해(迫害)와 모략(謀略)이 심하고 불안한 생활을 항상 면하지 못하게 되고 아랫사람으로 인하여 손실(損失)을 갖게 되어 신고를 면하기 어렵다. 부모와 형제의 운도 무정(無情)하여 분산(分散)하게 되며 부부 간 불화로 가정불화가 있게 된다. 중풍, 발광증, 신경계 질환, 뇌병, 흉부 질환, 호흡기 질환 등에 주의하여야 한다.

• **木木木: 입신출세격**(立身出世格)
성공이 순조롭고 희망이 달성되며 발전향상(發展向上)하고 융창(隆昌)하는 운이며 심신이 건전하여 장수하겠다. 부모와 형제가 화목하고 자손이 번창하고 개문만복(開門萬福)이 자래(自來)하여 꾀하는 일마다 잘되며 모든 일이 순풍에 돛을 달고 가듯 순탄하여 일생에 복록이 진진(振振)하여 명진사해할 것이다.

• **木木水: 성공발전격**(成功發展格)
순조로운 운기로 성공과 발전을 할 수 있겠다. 부모의 운도 좋으며 화목과 친척들이 화순하고 자손이 번창하고 명예가 사방에 떨치게 되며 재물이 창고에 가득하며 가정이 화평하고 일생의 영화가 진진(振振)하리라.

• **木木火: 입신출세격**(立身出世格)

성공하고 발전향상하며 행복을 누릴 수 있다. 부모의 여덕(餘德)이 사해에 진동(振動)하며 형제들이 화목하고 부부간에 다정하며 재산은 자손에까지 유적(有積)된다. 모든 일에 도와주는 사람이 많겠고 부귀를 누리며 일생 동안 행복하게 지낼 것이다.

• **木木土: 고난신고격**(苦難辛苦格)

모든 일이 순조롭지 못하고 꾀하는 일마다 고통스럽게 해결되며 부모의 운은 평길하나 일자(一子)가 유실(遺失)이요, 운은 불화가 많고 의견에 서로 다툼이 많다. 비장, 위장 등을 주의하여야 한다.

• **木水金: 어변용성격**(語變龍成格)

성공과 발전이 순조롭고 부모의 덕과 형제의 덕이 좋으며 육친이 모두 화합한다. 자손이 출세하여 평생에 무병장수(無病長壽)하게 될 것이다.

• **木水木: 부귀쌍전격**(富貴雙展格)

모든 일이 어의형통(如意亨通)하여 뜻하는 일마다 순조로우며 천성이 고귀하여 이상이 높고 불의(不義)를 좇지 않는다, 부모와 형제 운이 좋아 화합하고 부부가 다정하고 자손이 창성하여 모든 일이 적소성대(積小成大)하게 된다.

•木水火: 속성속패격(速成速敗格)

일시적인 성공은 있으나 기초(期初)가 부실하여 뜻하지 않는 재난(災難)으로 파란(波亂)이 많다. 부부 생사이별, 자손에 근심이 많고 형제가 분산하여 고독한 단신으로 전전(轉轉)하다가 변사(變死) 또는 조난(遭難)으로 단명하게 된다. 뇌병, 폐병, 심장병, 흉부 질환 등에 주의하여야 한다.

•木水土: 조기만패격(早起晚敗格)

처음에는 부모의 여덕(餘德)으로 평안을 누리다가 점차로 꾀하는 일에 실패를 거듭하여 마침내 질병에 고통을 받다가 일찍 사망하게 될 것이다. 부모와 형제가 우리분산(流離分散)하여 육친이 무덕하고 부부가 상별(相別)하고 자손에 수심이 많으며 모든 일에 신고가 많다. 위장병, 신장병 등에 주의하여야 한다.

•木火金: 평지풍파격(平地風波格)

일시적으로 성공은 있으나 불행은 초래하여 파산과 질환으로 신고하게 되며 부모의 덕이 없어 조절죽장(早折竹杖)하고 형제가 무실(無失)하여 독좌염불한다. 자손의 덕이 없고 신수도 불길(不吉)하여 고통을 받다가 중년에 세상을 하직하게 된다. 폐병, 장병, 호흡기 질환 등에 주의하여야 한다.

•木火木: 춘산개화격(春山開化格)

모든 일에 발전이 있고 진보가 있어 적소성대(積小成大)할 것이며 부모의 덕이 좋으며 형제가 화목하고 부부가 화합하니 부귀와 영화를 누리게 되며 권세가 사해에 충천(沖天)하여 만인이 앙시하게 될 것이다. 특히 중년부터 발전과 향상이 있게 되며 대성장수하게 될 것이다.

• 木火水: 선부후빈격(先富後貧格)

일시적인 성공은 있으나 한순간 재앙이 닥쳐 병난으로 고통을 받게 된다. 초년에는 부모의 여산(餘産)으로 평안하게 지내다가 뜻밖에 재앙이 있어 천리타향(千里他鄕)에 몸을 던지게 되며 부부가 무정(無情)하여 상별공방(相別空房) 고독한 몸으로 전전하면서 모사(謀事)하는 일마다 어려움에 신고하게 될 것이다. 신경계통, 심장병, 대장, 소장, 혈관, 간경화증 등에 주의하여야 한다.

• 木火火: 고목봉춘격(枯木逢春格)

모든 일이 순조로우며 성공에 장해(障害)가 없어 무한히 발전하게 되며 한때의 부주의로 인하여 어려움은 있겠으나 큰 불행은 없을 것이다. 부모와 형제가 화목하고 부부가 다정하니 자손에 영화가 있으며 문무쌍겸(文武雙兼)하여 명진사해하게 되며 부귀를 누린다.

• 木火土: 대지대업격(大志大業格)

천성이 고귀하여 비범(非凡)한 이상(理想)으로 모든 일을 꾀하여 크게 이루며 의(義)를 쫓고 불의를 싫어한다. 부모와 형제가 화목하고 부부가 다정하여 자손이 창성하고 길성(吉星)이 도래(到來)하여 집안에 안락이 있고 부귀와 영화를 누리게 되어 후세에까지 여덕(餘德)이 크게 될 것이다.

●木土金: 패가망신격(敗家亡身格)

성공 운이 부족하고 매사가 불성(不成)하고 실의수객(失意愁客)에 병난
으로 뇌를 상하게 된다. 초년에는 약간의 발전이 있겠으나 육친이 무
덕(無德)하여 부모와 상별하고 타향에서 홀로 방황하다가 병난(病難)
신고 끝에 불구의 몸으로 불행한 종말(終末)이 되고 만다. 뇌병, 위장
병, 폐병 등에 주의하여야 한다.

●木土木: 사고무친격(四顧無親格)

운명상 불길하여 시시때때로 불안이 생기며 부모의 인연(因緣)이 없
으며 형제가 분산하고 부부가 상별(相別)하여 모든 일을 계획하나 난
성실패(難成失敗)하여 신고를 면치 못하게 된다. 위장병, 비장, 호흡기
병, 신경쇠약, 기타 질환 등에 주의하여야 한다.

●木土水: 고목낙엽격(枯木落葉格)

성공 운이 부족하고 불신불우(不伸不遇)와 급변전락(急變轉落)에 조난
변사(遭難變死)하기 쉽다. 육친이 무덕하여 독좌고립(獨坐孤立)하고 부
부가 상쟁(相爭)하여 패가망신하며 일신이 고단하여 자수성가하나 평
지풍파(平地風波)하여 재산이 물락되고 불구의 신병으로 고통을 받는
다. 위장병, 호흡기계통, 고혈압, 방광염, 심장, 비장 등에 주의하여야
한다.

• 木土火: 골육상쟁격(骨肉相爭格)

성공 운이 결핍하고 불행이 닥쳐 신고 끝에 타향에서 객사하게 된다. 부모의 운은 좋으나 후천적인 불운으로 가산을 파산하고 부부가 상별하여 천리타향에서 고통을 받다가 천하게 목숨을 잃게 된다. 위장병, 호흡기계통, 고혈압, 심장, 비장 등에 주의하여야 한다.

• 木土土: 속성속패격(速成速敗格)

모든 일에 일시적으로 성공하나 곧 실패하여 재산을 탕진하고 부부운이 불길하여 재난(災難)과 병난(病難)으로 고생과 무한한 고통을 당하게 되며 조난이나 급사(急死)의 위험을 당하게 된다. 폐병, 위장병, 눈병, 호흡기계통 등에 주의하여야 한다.

• 水金金: 순풍순성격(順風順成格) ★

모든 일이 순조롭게 성공하고 천성(天性)이 영명(英明)하여 대지대업(大志大業)을 순성하고 부모와 형제가 화합하여 안락유덕(安樂有德)하고 부부가 다정하니 자손이 창성(昌盛)하고 무병안과(無病安過)하여 부귀장수하게 되리라.

• 水金木: 암야행인격(暗夜行人格)

어두운 밤중의 행인(行人)과 같으니 모든 일이 순조롭지 못하고 수심과 고통이 생기며 의외의 재화(災禍)가 발생하여 풍파(風波)가 많다. 신경쇠약, 심장병, 치질, 간담, 외상 등에 주의하여야 한다.

•水金水: 어변용성격(漁變龍成格)

고기가 변하여 용(龍)이 되는 격으로 적은 것에서 큰 것을 이루고 만사형통(萬事亨通)하며 특히 부부가 다정하고 자손에 영화스러운 일이 많다.

•水金火: 개화광풍격(開花狂風格)

꽃이 핀 동산에 광풍(狂風)이 일어나 향기를 잃게 하니 불안과 불성으로 신고를 겪게 되어 부모와 형제의 덕이 박약하여 양자나 이복형제를 보게 된다. 모든 일이 속성속패(速成速敗)로 결실을 맺기가 어려우며 용두사미(龍頭蛇尾)가 된다. 심신과로, 뇌병에 주의하여야 한다.

•水金土: 발전성공격(發展成功格)

모든 일에 발전이 있으며 천품이 착실하고 두뇌가 영민(英敏)하여 다재다능(多才多能)하다. 부모의 유덕(有德)으로 상경하화(上敬下和)하고 부부가 다정하여 자손이 창성하며 평생에 다복하여 안강태평(安康泰平)하고 부귀쌍전(富貴雙全)하여 경사(慶事)가 진진(振振)하리라.

•水木金: 일길일흉격(一吉一凶格)

순조롭게 성공 발달은 하나 일시적이요, 병난과 고통 끝에 독좌공방(獨坐空房)하게 된다. 부모와 형제가 유리분산(遊離分散)하여 육친이 무덕하게 되며 부부가 상별하여 재혼을 불면(不免)하고 모든 일이 속성속패(速成速敗)한다. 말년에는 의지할 곳이 없어 패가망신하여 타향에서 변사(變死)를 면하기 어렵게 된다. 심신과로, 폐병, 외상, 유혈(流

血), 신경계통질환 등에 주의하여야 한다.

•**水木木: 만화방창격**(萬花芳暢格)

성품이 온화하고 외유내강(外柔內剛)하여 대업을 순성하고 공명을 세우게 될 것이다. 부모와 형제가 화목하며 육친이 유덕(有德)하고 부부가 다정하며 일가안락(一家安樂)하여 전정유실(前庭有實)한다. 자손에 출세가 있고 부귀가 사해에 진진하게 되며 만인이 앙시하여 후세에 공명(功名)이 혁혁(赫赫)하리라.

•**水木水: 청풍명월격**(淸風明月格)

봄바람에 꽃이 피는 격으로 큰 노력이 없어도 성공할 수 있으며 모든 일에 여의형통(如意亨通)하여 부귀공명(富貴功名)으로 태평성대(泰平盛大)할 것이다.

•**水木火: 입신출세격**(立身出世格)

천성이 강직하며 성공 운이 대길(大吉)하고 부모와 형제가 유덕하여 일취월장(日就月將)하고 부부가 상합(相合)하여 자손이 번영(繁榮)하고 부귀장수할 것이다.

•**水木土: 망망대해격**(茫茫大海格)

일시적으로 발전은 있으나 불행한 재앙이 닥쳐 신고를 면하기 어렵게 된다. 부모의 여덕(餘德)으로 초년에는 안과(安過)하겠으나 차차 비운이 들어와 가산을 탕진하고 타향에서 전전하면서 노력은 하나

모아지는 재물은 없다. 위장병, 비장, 심장병, 폐병 등에 주의하여야
한다.

• 水水金: 춘일방창격(春日芳昌格)

성품이 불굴(不屈)하여 결단력이 강하니 자수성가하게 되며 부모와
형제가 융화(融和)하여 육친이 화합하고 부부가 다정하여 자손에 영
화가 진진(振振)하게 된다. 유재산적(有財山積)하고 부귀쌍전(富貴雙全)하
여 태평안과하게 되며 명진사해하게 될 것이다.

• 水水木: 만경창화격(萬景暢花格)

천성이 명랑하고 고결(高潔)하여 백절불굴(百折不屈)하고 무적발달(無賊
發達)하여 태평안과(泰平安過)할 것이다. 부모와 형제가 화목하며 부부
가 다정하고 유실목화(有實木花)하여 부귀를 쌍전(雙全)하여 명유사방
(名有四方)하게 될 것이다.

• 水水水: 평지풍파격(平地風波格)

처음에는 성공의 운이 순조로우나 뜻하지 않은 광풍(狂風)으로 가산
을 탕진하게 되고 의탁할 곳이 없어서 말년에는 고독으로 사고무친
(四顧無親)하게 된다. 부모와 형제가 무덕하여 산재객지(散在客地)하며
부부가 불화하여 이별하고 종신무자격(終身無子格)으로 신병에 고통
을 받다가 수재(水災)로 인하여 목숨을 잃게 된다. 신장병, 방광염, 냉
병 등을 주의하여야 한다.

• **水水火: 고독단명격**(孤獨短命格)

모든 일에 고난과 실패가 분분하게 되며 병난에 단명하게 된다. 부
모와 형제가 무덕(無德)하여 초년의 고생을 면할 실이 없게 되며 모든
일이 속성속패(速成速敗)하고 재화를 입어 심상하여 단명하게 될 것이
다. 심장병, 장병 등에 주의하여야 한다.

• **水水土: 백모불성격**(百謀不成格)

부모의 운이 무덕(無德)하여 조실부모(早失父母)하고 형제가 불목(不睦)
하여 독좌염불격(獨坐念佛格)으로 언제나 수심이 그칠 사이가 없다.
꾀하는 일마다 방해와 음모가 있어 이루어지지 않으며 불구의 신병
(身病)으로 평생을 고통으로 단명하게 된다. 신장병, 귓병, 장병, 하부
(下部)의 질환 등에 주의하여야 한다.

• **水火金: 심신파란격**(心身波亂格)

심신이 과로로 불안하며 부모의 운은 박덕하여 조절죽장(早折竹杖)하
고 형제는 불화와 논쟁으로 객지분산(客地分散)한다. 부부가 불화하
여 평생 수심과 신고 끝에 단명하게 될 것이다. 심장마비, 뇌일혈, 호
흡기질환, 심장병, 폐병, 장병 등에 주의하여야 한다.

• **水火木: 병난신고격**(病亂辛苦格)

운명이 불조(不調)하므로 불의의 변동과 병난을 겪게 되며 조실부모
(早失父母)한다. 형제가 무정하여 불화쟁론하고 무자(無子)로 독좌수심
(獨坐愁心)하며 선무공덕(先無功德)하니 한평생을 허망으로 세월을 보낸

다. 뇌일혈, 심장마비, 심장병, 눈병, 신경통에 주의하여야 한다.

• **水火水: 선무공덕격**(善無功德格)

모든 일이 불순하여 백전백패(百戰百敗)하고 부모와 형제의 부덕(不德)으로 평생에 수심이 그치지 않는다. 부부가 무정하여 공방독좌(空房獨坐)하고 자손의 인연이 박약하여 무자종신(無子終身)하며 온갖 악전과 고투로 천한 생활 끝에 고통을 받다가 세상을 뜬다. 뇌일혈, 심장병, 심장마비 등에 주의하여야 한다.

• **水火火: 일엽편주격**(一葉片舟格)

부모의 여덕으로 초년에는 대과(大過) 없이 넘길 수 있으나 형제가 불화하고 부부가 무정하여 상별한다. 천리강산(千里江山)에서 수심세월이라 자손에 있어서 조자난양(早子難養)하고 일생을 불행 속에 살아간다. 뇌일혈, 신경통, 심장병, 귓병, 심장마비 등에 주의하여야 한다.

• **水火土: 선빈후곤격**(先貧後困格)

천성은 고결하나 기초가 약하여 부모와 형제의 덕이 없고 부부의 정은 평길하나 자손에 불구가 생기어 수심을 면할 길이 없게 되며 모든 일이 속성속패(速成速敗)하여 불행하게 된다. 심장병, 심장마비, 뇌일혈, 눈병 등에 주의하여야 한다.

• **水土金: 선고후안격**(先苦後安格)

성공 운이 불길하며 악전고투하여 고난과 신고 끝에 평길할 것이며 부부 운은 조혼불행(早婚不幸)하고 한평생 병고의 고통만은 떠나지 않는다. 심신과로, 위장병, 비장 등에 주의하여야 한다.

• 水土木: 풍전등화격(風前燈火格)

모든 일에 곤고와 장해가 있고 기초가 불안하여 입신난망(立身難望)하며 부부의 무정으로 생사이별한다. 한평생 신고 끝에 무자종신(無子終身)하게 되며 수심과 고통으로 중년에 사망하게 된다. 위장병, 폐병, 신장병 등에 주의하여야 한다.

• 水土水: 병난신고격(病難辛苦格)

모든 일이 불성(不成)되어 가정불화하고 부모와 형제가 무덕하여 객지산재(客地散在)한다. 조혼(早婚)은 실패하여 만혼(晚婚)이 평길하나 자손에 근심이 있으며 불구가 되어 독좌탄식(獨坐歎息)하게 되며 세월을 허송하다가 객중망신하게 된다. 위장병, 비장, 귓병, 방광염 등에 주의하여야 한다.

• 水土火: 낙마실족격(落馬失足格)

모든 일이 뜻대로 되지 않으며 부모와 형제가 객지산재(客地散在)하여 고독하다. 자손에 근심이 있어 생자불양(生子不養)하고 유자무덕(有子無德)하여 사고무친(四顧無親)하며 절골신병(折骨身病)으로 신고 끝에 단명하게 된다. 무덕뇌병, 신장병, 귓병, 방광염 등에 주의하여야 한다.

• **水土土: 강산풍파격**(江山風波格)

모든 일에 장해가 많으며 변화가 무쌍(無雙)하여 불구신병으로 평생 고통을 면할 길이 없다. 부모의 무덕으로 형제 분산하고 타향에서 천한 직업을 전전하다가 비참한 죽음을 당하게 된다. 귀신병, 장병, 방광염, 뇌병 등에 주의하여야 한다.

• **火金金: 사고무친격**(四顧無親格) ★

성공 운은 불운에 싸이고 불신(不信)하여 방랑죽장(放浪竹杖)하고 부모와 형제의 무덕으로 고립고투한다. 부부가 불화하여 자손에 독좌수심(獨坐愁心)이 있고 동서남북을 유리방황(遊離彷徨)하다가 객지에서 망신하게 된다. 호흡기계통, 뇌병, 폐병, 조루증, 기관지 등에 주의하여야 한다.

• **火金木: 개화풍란격**(開花風亂格)

꽃이 피자 뜻밖에 폭풍이 일어난 격으로 불의(不意)의 재앙에 파란신고(波亂辛苦)를 당하게 되고, 부부가 불화하여 쟁론(爭論)이 분분하다. 심장병, 신경통 등에 주의하여야 한다.

• **火金水: 개화무실격**(開花無失格)

성공은 부진(不振)하며 선무공덕(先無功德)한다. 형제간에 분산하고 부부가 상별하며 자손의 수심으로 평생을 불안과 근심으로 보낸다. 난치병에 걸려 고생만 하다가 객사(客死)하게 된다. 폐병, 뇌일혈, 심장마비, 신경계통 등에 주의하여야 한다.

• 火金火: 무주공산격(無主空山格)

성공하기가 난하여 모든 일이 뜻대로 되지 않으며 선천 운은 평길하
나 형제 무덕하여 객지분산(客地分散)한다. 부부가 쟁론하고 조자(早
子)는 난양(難養)하며 자수성가(自手成家)하나 속패불기(速敗不起)하고 심
신이 박약하여 단명하게 된다. 광증, 폐병, 뇌병, 호흡기병 등에 주의
하여야 한다.

• 火金土: 선고후길격(先苦後吉格)

언제나 마음의 고통이 있으며 부모의 인연이 박약하여 조절죽장(早
折竹杖)하고 형제가 무정하여 이복형제가 있다. 부부가 무정하여 가
정이 불화하며 일신이 고단하여 초·중년에는 천신만고(千辛萬苦)하나
말년에는 평온을 누리게 될 것이다. 심신과로, 뇌병, 위장병, 폐병 등
에 주의하여야 한다.

• 火木金: 선고후파격(先苦後波格)

일시적으로 성공은 있으나 급변의 재앙으로 가산이 파패(破敗)하고
부모의 박덕으로 조절죽장(早折竹杖)한다. 부부가 불화하여 자손에
덕이 없어 수심으로 독좌탄식(獨坐歎息)하던 끝에 무자종신(無子終身)
으로 불행을 면할 길이 없게 된다. 심신과로, 흉부 질환, 신경통, 뇌
병, 간장병 등에 주의하여야 한다.

• 火木木: 부귀안태격(富貴安泰格)

천성이 영민(英敏)하여 문장에 발달이 있으며 부와 귀의 쌍전(雙全)을

누리게 된다. 자손의 공명과 영화가 사해에 진진(振振)하고 무병안락
(無病安樂)한 생활로 부귀태평(富貴泰平), 천추만대(千秋萬代)까지 복록이
진진하게 된다.

• 火木水: 상하인화격(上下人和格)

성공 운이 순조롭고 무한한 발전이 있고 안태장수(安泰長壽)하게 된
다. 젊어서는 부모 덕을 받게 되고 결혼해서는 부부화락(夫婦和樂)하
며 늙어서는 자손의 덕을 보는 최상운(最上運)이며 부귀장수하리라.

• 火木火: 용두봉운격(龍得逢運格)

성공 운이 순조로우며 향상 발전하고 부귀안태(富貴安泰)하게 되며 부
부가 다정하여 가정에 웃음이 떠나지 않는다. 자손이 번영하고 행복
을 누릴 수 있는 최고(最高)의 길운이다.

• 火木土: 만화방창격(萬花芳暢格)

향상 발전이 있고 부모의 여덕(餘德)으로 일가에 화평이 있으며 형제
가 화합하여 안존공명(安存空名)하게 된다. 부부가 다정하여 자손이
창성(昌盛)하고 한평생 재물이 풍성하여 유곡(幽谷)이 회춘(回春)하니
만물이 신생(新生)하여 복록이 면면(綿綿)하리라.

• 火水金: 설상가상격(雪上加霜格)

만사가 불성하고 고난과 병약, 박덕하며 단명하게 된다. 부부의 덕이
없어 고생 끝에 변사(變死)를 면하기 어렵고 자손의 운은 평범하나

일기이실(一技二實)하여 종신무자(終身無子)로 고독함을 자탄하게 된다. 폐병, 심장병, 치질 등에 주의하여야 한다.

• **火水木: 의외재란격**(意外災亂格)

뜻밖의 재난과 가산을 파산하고 신병(身病)으로 고생을 면할 길이 없다. 형제는 서너 명 있으나 독신격으로 고독을 면하기 어렵다. 입신출세(立身出世)하여 후세에 덕을 쌓고 재물도 저장하며 평안하나 신구가 불길하여 평생 고심(苦心)한다. 심장병, 폐병, 고혈압, 눈병, 광증 등에 주의하여야 한다.

• **火水水: 병난신고격**(病難辛苦格)

처음에는 약간의 발전과 평안은 있으나 점차로 가운이 비색하여 부모와 형제가 분산하고 부부 운이 불길하여 생이별 아니면 사이별(死離別)을 하고 뜻하지 않은 변란으로 휩쓸려 여한(餘恨)을 남겨 놓은 채 세상을 하직하게 된다. 심장병, 신장병, 고혈압 등에 주의하여야 한다.

• **火水火: 추풍낙엽격**(秋風落葉格)

모든 일이 뜻을 이루지 못하고 불안 속에서 생활에 쫓기다가 자살이나 정신 이상으로 뜻을 이루지 못한 채 세상을 하직한다. 선천적인 부모의 조업(祖業)은 있으나 이를 오랫동안 지키지 못한 채 타향으로 멀리 떠났고 무정천리(無情千里)로 수심이 그칠 사이 없이 불행하게 살아가게 된다. 발광증, 심장병, 눈병, 뇌병, 정신이상, 두통, 심장마비 등을 주의하여야 한다.

• **火水土: 금의야행격**(錦衣夜行格)

불신불성(不伸不成)하여 항시 파란이 심하여 병약, 단명, 변사하기 쉽다. 부모와 형제가 무덕하여 독좌탄식(獨坐歎息)하게 되며 부부가 무정하고 자손에 근심이 떠나지 않는다. 위장병, 심장병, 신경쇠약, 눈병, 두통 등을 주의하여야 한다.

• **火火金: 유두무미격**(有頭無尾格)

출발은 호랑이를 잡을 듯이 하나 끝내 토끼 한 마리도 잡지 못하는 격이다. 부모와 형제가 분산하고 부부가 무정하여 이혼하게 되며 자손은 불효막심(不孝莫甚)하여 유형무실(有形無實)하다. 종신무자(終身無子)로 수심이 가득하며 무덕하고 독좌탄식(獨坐歎息)을 하게 된다. 폐병, 호흡기질환, 뇌염 등에 주의하여야 한다.

• **火火木: 일진월가격**(日進月加格)

천품이 고결(高潔)하고 영민(英敏)하여 만인을 영도(領導)할 수 있다. 부모와 형제가 화목하여 경사(慶事)가 중중하게 되며 부부가 다정하여 자손에 용득채운(龍得彩雲)하며 효심과 충심(忠心) 있는 현명한 자손을 슬하에 두게 된다. 일생 동안 의기충천(意氣沖天)하여 부귀쌍전(富貴雙全)하리라.

• **火火水: 평지풍파격**(平地風波格)

모든 일이 뜻대로 되지 않고 뜻하지 않은 변란으로 가산이 파산되며 부부가 이별하여 타향에서 방황하다가 불구의 몸으로 고생만 하다

객사(客死)하게 된다. 뇌일혈, 심장마비, 고혈압, 중풍 등에 주의하여
야 한다.

• 火火火: 개화봉우격(開花逢雨格)

불안정(不安定)한 운기로서 급변급사(急變急死)의 우려가 있으며 급진적
(急進的)인 발전은 있으나 경솔하기 때문에 실패한다. 심장병, 장병,
혈관, 고혈압, 눈병 등에 주의하여야 한다.

• 火火土: 미려강산격(美麗江山格)

선천적으로 화합유덕(和合有德)하여 큰 뜻을 이루게 된다. 부모와 형
제가 유덕(有德)하여 화목하고 부부가 다정하여 가정이 편안하며 정
전(庭前)에 유실(有實)하여 자손은 입신출세(立身出世)와 모든 일에 순조
롭게 무한한 발전을 하게 된다.

• 火土金: 화류장춘격(花流長春格)

선천의 운이 좋아 부모의 여덕(餘德)으로 일생 동안 평안을 누릴 수
있다. 형제가 화목하고 부부가 다정하며 자손에 영화가 있고 부귀와
공명으로 일생 동안 재물이 풍성하다. 명진사해하여 도처춘풍(到處
春風)하게 되며 꾀하는 일마다 순조로우며 한평생 태평하리라.

• 火土木: 선길후고격(先吉後苦格)

선천적인 여덕(餘德)으로 큰 고생 없이 지내다가 중년의 끝무렵부터
모든 일이 낭패로 돌아가고 종신무자(終身無子)로 독좌수심(獨坐愁心)하

게 된다. 그러나 재물은 풍족하여 의식의 걱정은 없으며 부부의 정은 좋으나 신병(身病)으로 고생을 하게 되는 끝에 복부 쪽 수술을 받게 될 것이다. 위장병, 신경계통, 하체 불구 등을 주의하여야 한다.

• 火土水: 대해편주격(大海片舟格)

일시적인 성공은 있으나 의외의 급변적(急變的) 재해(災害)와 전락 또는 병고, 단명, 급사를 겪을 흉한 배치라 할 수 있다. 운수가 비색하여 동서남북하게 되며 부부가 무정하고 보든 일이 속성속패(速成速敗)하게 된다. 위장병, 두통, 심장병, 신장병 등에 주의하여야 한다.

• 火土火: 일흥중천격(日興中天格)

천품이 현철하고 침착과 심덕(心德)이 있어 꾀하는 일마다 백모백성(百謀百成)하게 되어 크게 성공한다. 부모와 형제가 화목하며 부부가 다정다감하고 자손에 영화가 있으며 무병장수(無病長壽)한다. 평생안과(平生安過)하여 후세공명(後世功名)이 명진사해하게 될 것이다.

• 火土土: 만화방창격(萬花芳暢格)

모든 일이 마음대로 되고 부모와 형제가 화기다생(和氣多生)하며 부부가 다정하고 자손에 공명이 있다. 재운(財運)이 대길(大吉)하여 적소성대(積小成大)하며 심신이 무정하여 평생영화(平生榮華)하게 될 것이다.

• 土金金: 유곡회춘격(幽谷回春格)★

모든 일이 순조롭게 발전하고 부귀공명(富貴功名) 안태수복(安泰壽福)하

며 건전(建展)하다. 부모와 형제가 화합하고 부부가 다정하며 자손이
번창한다.

• 土金木: 봉학상익격(鳳鶴傷翼格)

일시적인 발전은 있겠으나 기초가 불안정하여 처를 극하고 불행한
종말이 되고 만다. 부모의 여덕(餘德)으로 초년은 대화(大禍) 없이 지
내다가 차츰 운수가 비색(否塞)하여 한평생을 동분서주(東奔西走) 방황
하다가 불구가 되어 활동을 하지 못하니 모든 일이 유선무공(有善無
功)이라 하겠다. 폐렴, 위장병, 기타 난치병 등에 주의하여야 한다.

• 土金水: 금상유문격(錦上有紋格)

모든 일이 적소성대(積小成大)하여 자수성가(自手成家)로 대업(大業)을
이루고 부모와 형제가 화목하며 일가화평(一家和平)이라 하겠다. 부부
가 화합하고 자손에 공명(功名)이 진진하여 재운이 순조로워 금옥만
당(金玉滿堂)한다. 일신이 무병(無病)하며 평생영화(平生榮華)를 누리게
될 것이다.

• 土金火: 재기무력격(再起無力格)

일시적인 안락은 있겠으나 창파(滄波)에 일엽편주(一葉片舟)격으로 고
향을 떠나 온갖 고생을 다하고 방황하다가 부부의 불화로 골육상쟁
(骨肉相爭)하며 모든 일이 속성속패(速成速敗)한다. 뇌병, 심장병, 폐병,
호흡기병 등에 주의하여야 한다.

• 土金土: 일광춘풍격(日光春風格)

천품이 고준(高峻)하고 영민(英敏)하여 모든 사람의 앙시를 받으며 순조로운 운이다. 부모와 형제가 화목하고 부부가 다정하며 자손에 공명(功名)이 있고 부유일생으로 안태수복(安泰壽福)하고 건전하여 부귀공명(富貴功名)하리라.

• 土木金: 소사난성격(小事難成格)

성공 운이 약하고 항시 심고(心苦)가 많으며 급변과 파란이 많고 병약을 초래한다. 급변적 재액으로 재물이 유실(流失)되며 부부가 무정(無情)하고 자손의 덕도 없다. 신경통, 비장, 위장병, 뇌병, 신경쇠약 등에 주의하여야 한다.

• 土木木: 허명무실격(虛名無實格)

외견은 강하나 곤고가 발생하며 희망과 목적을 달성하기 어렵다. 타향을 전전하다가 실속을 찾지 못해 고생만을 되풀이하고 불의의 재앙으로 처자를 극하며 독좌염불(獨坐念佛)하는 격으로 허무한 세월을 보내게 된다. 폐장, 신경계통, 위장병 등에 주의하여야 한다.

• 土木水: 유두무미격(有頭無尾格)

모든 일이 허사(虛事)가 되어 허허탄식(虛虛嘆息)으로 세월을 보내다가 병약으로 자살(自殺)의 흉운에까지 이르게 된다. 부부 운이 박덕으로 생사이별을 면할 길이 없게 되며 자손의 근심이 있다. 말년에는 운수가 비색(否塞)하여 의지할 곳이 없게 되며 심신의 허약으로 단명의

불행을 면하기 어렵게 된다. 병은 신경계통질환, 위장병 등에 주의하
여야 한다.

• 土木火: 운중지월격(雲中之月格)

외견상의 운기는 강하나 성공은 용이치 않고 고난과 신고를 면할 길
이 없다. 부모와 형제의 부덕(不德)으로 유리분산(有離分散)하여 객지
에서 전전긍긍하다가 부부가 불화하여 불구지자(不具之子)로 평생 수
심이 떠나지 않는다. 신경이상, 폐장, 신경계통질환, 위장병 등에 주
의하여야 한다.

• 土木土: 고목낙엽격(枯木落葉格)

성공 운이 약해서 성취가 늦어지고 신고와 고난이 많다. 일찍이 조
실부모(早失父母)하고 조리고향(早離故鄕)하여 이지전전(異地轉轉)하다가
가정을 파산하고 문전걸식(門前乞食)을 면하기 어려우며 신병난치로
불구 단명하게 될 것이다. 신경쇠약, 위장병 등에 주의하여야 한다.

• 土水金: 선빈후고격(先貧後苦格)

이루어지는 일이 하나도 없어 고독하고 타향을 전전하다가 부부가
무정하고 자손에 대한 수심이 많다. 동분서주(東奔西走)하나 무주공
산(無主空山)이라 종말(終末)에는 불구 단명하게 될 것이다. 심장병, 신
경계통질환, 폐병, 고혈압, 비장 등에 주의하여야 한다.

•土水木: 노이무공격(勞而無功格)

모든 일에 파패(破敗)가 많고 선무공덕(善無功德)으로 일마다 허무한 결과가 나타날 것이다. 부모의 박덕으로 조절죽장(早折竹杖)하다가 부부가 무정하여 조자난양(早子難養)하고 한평생 동분서주(東奔西走)하나 무공무재(無功無財)하고 매사가 불성한다. 신경계통질환, 폐장, 백대증(白帶症) 등에 주의하여야 한다.

•土水水: 일장춘몽격(一長春夢格)

선천의 운은 평길하나 파란과 재액으로 매사불성(每事不成)하며 형제가 분쟁하여 유리분산(流離分散)하고 사고무친(四顧無親)하여 독좌염불(獨坐念佛)격이라 한평생 애써 노력하여도 의지할 곳이 없다. 백대증, 신경통, 신장병, 월경불순, 고혈압 등에 주의하여야 한다.

•土水火: 풍파절목격(風破折木格)

불의의 재난과 의외의 풍파로 처를 극하고 재산의 손실을 가져오게 된다. 부모와 형제가 인연이 없어 사방분산(四方分散)하고 가정의 수심이 떠나지 않는다. 자손에 근심이 많고 재물의 분산으로 말년은 걸식(乞食)을 면하기 어렵다. 호흡기질환, 방광염, 치질 등에 주의하여야 한다.

•土水土: 패가망신격(敗家亡身格)

모든 일이 속성속패(速成速敗)하고 곤경에서 벗어나지 못하고 몸을 버리게 될 것이다. 부모와 형제가 무정하여 분산하고 부부가 급별(急別)

하며 자손에 수심이 있고 대지모사(大志謀事)하나 일시변란으로 대패(大敗)할 것이다. 심장병, 신경계통질환, 황달, 신장병, 뇌일혈 등에 주의하여야 한다.

• 土火金: 고난자성격(苦難自成格)

모든 일이 뜻대로 되지 않으며 부모와 형제의 박덕으로 고독단신(孤獨單身)으로 근근득실(勤勤得失)하여 정전유실(庭前有實)로 일가여경(一家餘慶)이다. 그러나 일신의 질환으로 독좌수심(獨坐愁心)하게 되니 결국 신고한 끝에 단명을 면하기 어렵다. 위장병, 치질, 폐병, 피부병, 정신쇠약 등에 주의하여야 한다.

• 土火木: 일광춘성격(日光春城格)

희망과 발전이 용이하며 심신의 안정과 모사순성(謀事順成)하여 대업을 이루게 될 것이다. 부모와 형제가 화합하여 일월이 상생(相生)하는 것과 같고 부부가 해로하여 자손에 공명이 있으며 명예가 사해에 떨치게 되고 여경여덕(餘慶餘德)하여 부귀쌍전(富貴雙全)하게 될 것이다.

• 土火水: 진퇴양난격(進退兩難格)

선천의 여덕으로 초년에는 안과할 것이나 중년부터 운수가 비색(否塞)하여 수심이 떠나지 않는다. 부부의 정이 좋지 않아 조자난양(早子難養)하고 종말에 가서는 많은 재산을 탕진하여 불행하게 된다. 광중, 심장병, 뇌일혈, 심장마비 등에 주의하여야 한다.

• 土火火: 춘일방창격(春日芳暢格)

모든 일이 마음대로 되고 부모와 형제가 상통하달(上通下達)하고 화기애애(和氣靄靄)하며 부부가 상합(相合)하여 일가에 영화가 중중하고 부귀공명(富貴功名)으로 평생안전(平生安全)하고 일생 동안 불행을 모르고 안과(安過)하게 될 것이다.

• 土火土: 입신출세격(立身出世格)

모든 일이 순조롭게 달성되는 대길수이며 선천의 여덕(餘德)을 기초하여 육친이 화합, 형제가 융합하고 부부가 해로하며 자손에 영화가 있어 귀문자성(貴聞自聲)한다. 귀인이 부조(扶助)하여 재성이 자래(自來)하고 공명이 사해(四海)에 진진(振振)하며 평생에 안락(安樂)한 행복을 누리게 된다.

• 土土金: 고원회춘격(古園會春格)

모든 일이 순조로우며 성품이 강직하여 대기만성(大器晩成)하고 부모의 튼튼한 기반으로 많은 도움을 받는다. 형제가 화목하여 위기순면(危機順免)하고 부부가 다정하여 일지다실(一枝多實)하고 재백이 뚜렷하여 적소성대(積小成大)하고 부귀공명(富貴功名)으로 안전평생(安全平生)하게 될 것이다.

• 土土木: 선고후패격(先苦後敗格)

모든 일이 뜻대로 되지 않으며 부모의 운이 박덕하여 조실부모하지 않으면 양자로 타가입문(他家入門)하게 된다. 형제가 무정하여 분산하게 되고 부부가 화합하니 조혼(早婚)은 필패(必敗)하고 자손에 수심이 많으며 고독하게 종신(終身)될 것이다. 위장병, 신경쇠약, 복부계통 질환 등에 주의하여야 한다.

• 土土水: 사고무친격(四顧無親格)

일시적인 성공은 있겠으나 기초가 불안전하여 오래 지속되지 못해 실패(失敗)의 고배(苦盃)를 맛보게 된다. 부모와 형제가 객지분산(客地分散)하고 고독단신(孤獨單身)하여 방랑일생(放浪一生)하며 부부가 불합하고 자손은 평생을 신고와 수심으로 불행하게 될 것이다. 뇌일혈, 심장병, 위장병, 뇌병, 안목(眼目), 방광염 등에 주의하여야 한다.

• 土土火: 금상유문격(錦上有紋格)

선조의 여덕(餘德)으로 초운에는 평길하다가 뜻밖에 횡재(橫財)하여 일취월장(日就月將)한다. 부모와 형제가 화합하고 부부가 다정하여 정전유실(庭前有實)하고 재백(財帛)이 자래(自來)하여 부귀쌍전(富貴雙全)한다. 한 가지 일을 꾀함에 두 가지 일이 성취되고 일확천금(一攫千金)하게 될 것이다.

• 土土土: 일경일고격(一慶一苦格)

한편으로는 기쁨이요, 한편으로는 근심이라. 부모와 형제는 유정하여 다정다감(多情多感)하여 부부의 정도 평범하나 화개무실(花開無實)이라 정성껏 기도하며 일자유실(一子有實)하게 되며 대패(大敗)를 방지(防止)할 수 있을 것이나 그렇지 않으면 실패를 면하기 어렵게 된다.

★ 여기까지는 오행 해설이다.

21, 23, 33, 41, 이 숫자가 여자의 이름에 들어가면 독신생활을 하여야 출세할 수 있는 숫자이니 여자에게는 불리하다 볼 수 있다.

여기에 더하여 어감도 봐야 한다. 요즈음 이름들을 보면 정말 이상한 것들을 이름으로 생각 없이 지어서 사용하는데 어감이란 부르는 소리를 말함이며 부르는 소리에 따라 운명도 변할 수 있는 것이니 부르는 소리에 신중해야 한다.

예 • 주기자(朱基子): 남편을 또는 사람을 '주기자'라는 뜻이 되어 흉하다.

• 주길수(朱吉洙): '무엇이든 죽일 수 있다'는 어감이 되어 흉하다.

• 고만두(高萬斗): 자의는 좋으나 어감이 '그만두라'는 것이 되어 흉하다.

• 김치국(金致國): '김치 국물'과 같은 뜻이 되어 흉하다.

• 조진배(趙鎭倍): '부서진 배'라는 뜻이 되어 흉하다.

어감이 좋지 않은 성명은 많지만 생략하고 이런 작명은 피해야 한다. 그래서 개명을 하여 운세가 달라지는 경우가 종종 있다.

개명의 효력

• 병약자가 건강한 신체로 변한다.

• 불우자가 행복해진다.

• 배우양연과 호직을 득한다.

- 가정의 풍파가 없어지고 부부가 다정하여진다.
- 불효자가 변하여 효도한다.
- 자손이 없는 자가 생자한다.
- 사업이 순성하고 가문이 융창하다.
- 빈곤과 단명 자가 부귀공명 장수한다.
- 번민이 사라지고 심신이 쾌락하여진다.
- 액화를 피하고 행운이 온다.

이상과 같이 성명학을 간단하게 참고하고 더 깊이 알고 싶은 사람은 성명학 책을 구입해서 사용하거나 전문가의 조언을 얻어 개명·작명을 하기 바란다.

사주팔자가 몸이요, 이름이 내 몸을 담고 있는 그릇이라면 내 몸을 담고 있는 그릇이 어떠한 역할을 할지 생각해볼 문제가 아닐 수 없다. 그러므로 타고난 팔자를 잘 풀어서 이름을 잘 지어 부르면 살아가는 데 큰 도움이 될 것이다.

이외에 더 깊이 있는 내용을 배우고자 하는 사람은 저자의 다른 책 『사주명리학의 모든 것』을 참고하기 바란다.